上

日本を知る〈芸能史〉上巻

アジアの視点

田口章子 編著

雄山閣

『日本を知る〈芸能史〉』(上巻) 目次

『日本を知る〈芸能史〉』（下巻）目次

はじめに

田口 章子

芸能史だが、古代、中世、近世、近代と誕生順に並べた従来の「通史」ではない。芸能や芸道から日本人とは、日本文化とは何かを知るための〈芸能史〉である。日本の場合、驚くべきことに全時代の芸能や芸道が現存している。私たちはいつでもその芸能や芸道に触れることができる。視点を変えれば、芸能や芸道は日本人を、日本文化を知るための有効なツールとなる。タイトルを『日本を知る〈芸能史〉』とした意味もそこにある。

本書は「芸能・芸道は日本を知る鑑である」をキャッチフレーズに展開している「日本芸能史」がもとになっている。正式名は、「公開連続講座　日本芸能史」。二〇〇二年四月に開講し、今年で十五周年をむかえた。会場は京都造形芸術大学内にある歌舞伎劇場の春秋座。学生の授業を一般公開し、他大学の学生や一般の受講生とともに学んでいる。第一線で活躍している研究者や専門家を招き、実演をまじえながら、斬り込んでいく。斬りこんでいくのは、「テーマ」にである。

「テーマ」は重要だ。伝統芸能の数は決まっている。「テーマ」が違えば、見え方が違う。一つの芸能あるいは芸道は、「テーマ」次第で、私たちにあらたな視点を提供してくれるのである。

毎年、新しいテーマを設定するが、「テーマ」選びの大前提は、学術的な理論を背景にもっているということ。それも最新の研究成果をもって発信するということを大切にしている。必ず、「総論」を掲げてスタートするという方法はそのためである。なおかつ、今、私たちに必要な「テーマ」であるということもはずせない。学びが、生きるためにいかされなくては意味がないからだ。

「テーマ」を決めると、次は講師依頼である。その「テーマ」を最大限に追究してくれる専門家にお願いする。年間二十八回展開していくなかで、どのような学びが得られるのかは、受講してみないと解らない。試験管に試薬をいれるとどんな化学反応がおこるかといった興味に似ている。この講座の醍醐味である。

十五年の学びは、大きく二つのテーマでとらえることができる。「アジアの視点」と「生命の更新」である。「アジアの視点」は『日本を知る〈芸能史〉』（上巻）で、「生命の更新」は『日本を知る〈芸能史〉』（下巻）で扱う。

「アジアの視点」は、有史以前から他国の多様な文化がおしよせてきた日本が、何を受容し、何をすて、日本独自の文化を作り上げたのか、日本の特殊性を知るためのテーマである。

「生命の更新」は、芸能や芸道を通して日本人の伝統的価値観を知るためのテーマである。

二十一世紀はアジアの時代といわれている。日本を知るためには、国内だけに目を向けていても何も見えてこない。広い視野、アジアの視点が必要なのだ。そこから何が見えてくるのかを学ばなくてはならない。本書で「アジアの視点」をテーマに掲げた理由である。

世界の変化はとどまるところを知らない。グローバル化時代をむかえ、日本人は世界の多様な人たちと交流しながら生きていくことが求められている。だからこそ、生き抜くために自分たちの身近にある独自の価値観を知り、見直すことが大事である。

まず世界に占める自分の国を知ることから始めなければならない。本書はそのための〈芸能史〉である。

イントロダクション

アジアの視点で見えてくる

学習院大学名誉教授　諏訪　春雄

以前、『GYROS　沖縄の苦悩』（勉誠出版、二〇〇四年）に私は「文化の十字路沖縄」という文章を執筆したことがあります。その文で、私は持論の沖縄文化四重構造論を述べました。沖縄文化は、時代を違えて伝来した四種の異質の文化から成立しているという主張です。次の四種です。

①黒潮に乗って渡来した東南アジア文化で、セジ信仰、洞窟信仰、海上他界など。

②東下した大陸系文化で、竜舟祭、墓制、風水思想、石敢当、シーサー、端午祭、来訪神、按司《あじ》とノロによる祭政一致、ミロク信仰など。

③南下した本土日本文化で、神道、仏教、稲作、鍛冶など。

④明治以降に欧米から入った西欧文化で、洋風建築、西洋料理、西欧音楽、各種ファッションなど。

沖縄文化四重構造論はことばでいえば簡単ですが、現実を解明しようとすると重層的に入り組み、困難がたちはだかることがわかります。

より以上に複雑なのが本土日本文化です。同じような見方を、試みに日本本土に適用すると、以下のようになります。

①南下した縄文系文化。

②北上した縄文系・弥生系文化。

③黒潮に乗って渡来した東南アジア文化。

④渡来した大陸系文化。

⑤明治以降に欧米から入った西欧文化。

古来、海に囲まれた日本列島には多様な文化が流れ着き定着しました。その全容を解明することは、けっして容易ではありません。

今回は、芸能と芸道に焦点を絞って、日本もその一員であるアジアとの関係を考えてみます。具体例は、本書で各分野の専門家が論じておられますので、ここでは、基本原理について述べます。この文では、芸能ということばを広義に解して、そのなかに芸道も含めています。

芸能と王権

芸能の誕生の母胎が憑霊《ひょうれい》型シャーマニズムにあることはすでに定説として確定しています。芸能は、祭りの場で地域の安寧を守るために演じられ、時代を追って、洗練の度を加えていきます。芸能の維持集団は多様ですが、古来、アジア各地で、もっとも強力な集団は政治権力、つまりその国の王権でした。

王権とシャーマンの芸能（舞踊）が一体となって現世の安寧を実現しようとしたことはアジア全域に共通しています。インドのブラフマー神芸能下賜神話、中国『礼記《らいき》』の「楽は陽、礼は陰、陰陽和して万物成る」という論が典型です。ブラフマーは、『ヴェーダ』などの経典類によると、インド古来のヒンズー教が信仰する、ヴィシュヌ、シヴァと並ぶ三大神であり、宇宙創造神として崇拝されている神です。芸能は宇宙創造の神から賜ったものでした。また、『礼記』は中国儒教の基本経典「五経」の一つとして礼楽の本質を述べています。「楽」は芸能の意味です。その芸能が「礼」つまり政治とともに宇宙万物を創造すると述べているのです。

このようにわずかな例からも楽即ち芸能は神から賜った宇宙創造の基本原理でした。このような楽、祭祀の重要性を具体化した礼楽一致、祭政一致の思想に基づき、アジアの王権は楽の養成機関を設置して芸能の維持に努めてきました。

芸能の維持

アジアの各国における芸能と王権の関係の具体例についてみていきます。

まずインドです。インド最古の文献であり、ヒンズー教、バラモン教の聖典でもある『ヴェーダ』に「舞踊を通して神に祈り、それによってあらゆる願望が満たされると共に救世の道を切り開き、人々の繁栄と自己の舞踊の完成のために惜しみなく精進する者は、三界で徳をおさめる」とあります。舞踊つまり芸能は神の助けを得て救世の道を実現する方法でした。

中国では先に『礼記』を引用しました。あらゆる儀礼、政治は楽舞を伴うことによって完成すると考えられていました。宮廷が音楽と舞踊担当の楽官を正式役所として宮廷内に設置したのはその精神に基づいています。

日本では、よく知られているように、女性巫王と男性俗王で祭政をおこなうことが『魏志倭人伝』に記述されています。いわゆるヒメヒコ制です。神の指示に従って政治をおこなっていました。

十三世紀末に成立した『三国遺事』に記される朝鮮の建国神話では、天父神桓因《かんいん》が神木を伝わって地上に降り、地母神熊女《くまおんな》と結婚して建国神檀君《だんくん》を生んだとあります。檀君は古代朝鮮を治め、のちに山の神となっています。山神は朝鮮のシャーマンが信仰対象とする重要な神です。

この神話が示しているように、朝鮮では農耕の始まった紀元前十世紀ごろから、政治の指導者王と宗教の指導者巫堂（ムーダン）は共同で祭儀（クッ）を主宰して集団を導いていました。

アジアの芸能は王権によって維持され王権は芸能によって維持されたといえます。具体的にみていきます。

インドの芸能と神

『ヴェーダ』などのブラフマー神話によると、カーリユガ（末法世界）のまえ、トレータユガ（神々の時代）の初め、地上の人々の生活は、欲望の渦のなかにありました。須弥山《しゅみせん》を支配するインドラ神の要請で、創造神ブラフマーが瞑想して四つのヴェーダ法典と、人々の精神的向上と真の道への道標として五つめのヴェーダを創りました。紀元前二〜五世紀の成立とされる世界最古の芸能法典「ナーティヤ・ヴェーダ」です。

ブラフマーはこの法典を聖者バラタに教え、優雅な舞の表現を学ばせるために二人の天女を創りました。こうして、神の創造した舞踊が地上に伝わったといいます。

インドは紀元前四十世紀から二十世紀にかけて、ドラヴィダ人による農耕主体のインダス川流域のインダス文明が栄えています。その後、イラン・イラク高原から、遊牧民であるアーリア人がパンジャーブ地方に移住してき、紀元前十世紀頃にガンジス川流域へ移動し、ドラヴィダ人をはじめとする先住民を支配して、定住生活に入りました。アーリア人は神々への賛歌であるヴェーダを重視し、司祭階級は、バラモンとして特権的な地位を得ていました。このバラモンを頂点とした身分制度は、カースト制度とよばれ、今日に至るまで、インド社会を規定しています。紀元前六世紀には、ガンジス川流域にマガダ国、コーサラ国などの十六王国が栄えたが、興廃を繰り返して消えていきました。

インド芸能は王家をパトロンとして栄え、王権が滅んでもその記憶を芸態に深く残しました。芸能に登場する神霊は王権の守護神が高位を占め、階層性に支配されています。神々にも浄と不浄があり、上位神は菜食の供物、下位神は肉食の供物で地面に血を注いだりします。

中国の芸能と王権　楽官と太常寺

中国では、宮廷の楽舞をつかさどる官を楽官といいました。また伶官《れいかん》ともいいます。伶はわざおぎ、楽人の意味です。楽官の制度はすでに紀元前十七世紀から紀元前十一世紀の商（殷）代に存在したとみられ、それ以降形態を整えていきました。完成形を示す唐代では「太常寺《たいじょうじ》」という国家の礼楽・祭祀を行なう省に所属し、次の八つの任務を担当していた。太常寺は中央政府の事務執行機関として存在した九つの部局九寺の一つで、寺は役所が原義でした。

郊社（天子がおこなう祭祀）
太廟（皇帝の祖先を祭る神社）
諸陵（天子の墓）
太楽（国家の楽所）
鼓吹（奏楽）
太医（医療）
太卜（天文・占い）
廩犠（祭祀用の米と犠牲を管理する役）

太常寺は中央と地方の宗廟・神社の祭祀に加えて、医療・卜占を担当し、舞踊、音楽、供物なども任務としていた役所であり、その行事に楽官は舞踊・音楽を演じていました。この太常寺から梨園と教坊（宮殿内におかれた内教坊と外におかれた外教坊に分かれる）が音楽・舞踊専門機関として独立してきました。梨園は、唐代中期の玄宗皇帝が教坊よりもさらに精選した宮廷内歌舞担当機関をいいますが、正式の官職ではなく、はじめ、玄宗の私的機関の性格が強かったものです。

楽官の伝習する楽舞を正楽と呼び、正楽には四つの効用があるといいます（阮籍『楽論』）。

第一　楽律を正す。
第二　前王朝の音楽を訂正、復元する。
第三　楽器を継承する。
第四　民間楽舞を採集して宮廷楽舞に応用する。

以上の楽官による中国宮廷舞踊の伝習を検討してくると、《楽舞は国家の事業》であったことがよくわかります。この観念は日韓にも明確にみることができます。

日本の芸能と王権

有名な『魏志倭人伝』の邪馬台国《やまたいこく》の箇所に次のような記載があります。

> その国、もとまた男子を以て王となしとどまること七、八十年。倭国乱れ相攻伐すること歴年。すなわち共に一女子を立てて王となす。名付けてという。鬼道につかえよく衆を惑わす。年すでに長大なるも夫婿なく男弟あり。たすけて国を治む。王となりしより以来見るある者少なく、婢《ひ》千人を以て自ら侍《じ》せしむ。ただ男子一人あり。飲食を給し辞を伝え居処に出入す。宮室楼観城柵おごそかに設け常に人有り、兵を持して守衛す。

女性が神に仕えて神の意志を伝え、兄弟の男性がその意志に従って政治を行なう制度は、邪馬台国に限られず、古代の日本各地に行われていた制度でした。

『古事記』・『日本書紀』・『風土記』などには宇佐地方（豊国）にウサツヒコとウサツヒメ、阿蘇地方にアソツヒコとアソツヒメ、加佐地方（丹後国）にカサヒコとカサヒメ、伊賀国にイガツヒメとイガツヒコ、芸都《きつ》地方（常陸国《ひたちのくに》）にキツビコとキツビメがいたことを伝えています。また『播磨国《はりまのくに》風土記』では各地でヒメ神とヒコ神が一対で統治したことを伝えています。

このヒメヒコ制を支えた信仰がおなり神信仰です。アジア一帯に広がっている女性の霊力が男性を支える信仰です。おなりは沖縄各地で兄弟から姉妹をさすことばで、姉妹から兄弟をさすときはエケリといいます。オナリ神は呪詛にも力を発揮しますが、多くは兄弟が危機に陥ったときに守護してくれます。沖縄の久高島の代表的女性祭祀のイザイホーは、女性が神を祀る資格を祖神から認定される儀礼であり、女性が男兄弟守護の堅めをする儀礼でもあります。

本土の古代のヒメヒコ制も本質はおなり神信仰だったのです。

日本の芸能　外来と国風

日本の古典芸能の歴史は、大きく外来芸能中心の時代から国風芸能中心の時代へと推移しています。外来芸能は平安以前に基本芸態を確立した芸能です。次にあげるような芸能です。

伎楽　舞楽（雅楽）
散楽　声明（仏教音楽）
追儺　人形芸（文楽を除く）など

国風芸能の主流は内外の先行・並行芸能を摂取し中世以降に誕生しています。十二世紀から十三世紀にかけての大陸大動乱の影響を受けたものがほとんどですが、神楽・東遊などの先行する国風芸能も摂取しています。

能
狂言
歌舞伎
人形浄瑠璃
舞曲
説経　など

これらのなかで、宮廷の保護を受けて発展した芸能（舞踊）は、国風の神楽・東遊《あずまあそび》と外来の伎楽・舞楽（雅楽）などです。これらは、すべて中世以前に基本芸態を確立していました。

日本の宮廷舞踊の育成機関

日本の芸能、とくに王権と関係する宮廷舞踊の育成機関は、雅楽寮、大歌所《おおうたどころ》、内教坊《ないきょうぼう》、楽所《がくしょ》の四種でした。

雅楽寮は、宮廷音楽を担当する律令制度下の役所です。日本風に、うたりょう、うたまいのつかさともよばれていました。養老令によれば、治部省に属し、長官《かみ》・次官《すけ》・判官《じょう》・主典《さかん》の四等官《しとうかん》のほか、歌・舞・笛の在来の芸、唐楽《とうがく》・高麗楽《こまがく》・百済楽《くだらがく》・新羅楽《しらぎがく》・伎楽・腰鼓《ようこ》の渡来芸の二種を担当する楽人、これらの諸楽の学生、楽戸が所属していました。のちに散楽戸も編入されました。しかし、雅楽寮のほかに内教坊・大歌所、楽所が設けられ、雅楽寮はしだいに衰退していきました。

大歌所は、日本古来の大歌（記紀歌謡や催馬楽）を伝習し、宮中行事に奉仕した役所でした。琴・笛・歌人などの専門楽人がいました。

内教坊は、内宴や節会《せちえ》で女性が演奏する歌舞の女楽《おんながく》の教習を担当した官でした。妓女（舞妓）が属していました。この妓女は雅楽寮の歌女《うため》とは別種でした。内教坊は中国伝来の役所名でした。

楽所は、宮中行事に参加した楽人の機関で、始めは臨時の役所でしたが十世紀前半には雅楽寮に代わって中心を占め、摂関家や大寺社にも設営され、今日の宮内庁楽部の前身となりました。

日本の楽戸　雅楽寮下部機関

大宝元年（七〇一）に雅楽寮が設けられ、下部機関に楽戸が組みこまれ、伎楽・腰鼓などの楽生の養成に当たっていました（養老令）。楽戸も中国から伝来の役所名でした。

また天平三年（七三一）に雅楽寮の定員を定めたときには、度羅《とら》（済州島）楽生六十二人、諸県《もろかた》（日向国諸県郡）舞八人、筑紫舞二十人は楽戸からあてるとされていました（続日本紀）。外来芸能に限られず国風芸能にまで拡大していました。

現在につづく王権守護の古典芸能

現在も毎年十二月中旬、宮中賢所《かしこどころ》で神楽が奉納されています。ほかに伊勢神宮前庭神楽舎で、宮中から楽師が遣わされ御神楽《みかぐら》および秘曲《ひきょく》が奉納されます。勅使・神官・祭主以下が四丈殿《よじょうでん》内の座に着き、庭燎《にわかがりび》の明りがゆれる中、深夜まで御神楽が奏されます。こちらは公開されていますが、宮中御神楽は一般人が見ることは許されていません。

野外の無言仮面芸能である伎楽も現在に継承されています。『日本書紀』の推古天皇二〇年（六一二）五月、百済《くだら》人味摩之《みまし》が呉《くれ》（中国江南）で学んだ伎楽を伝え、奈良の桜井に少年を集めて教習したという記事が、日本の伎楽の最古の記録です。呉楽とも呼ばれました。

宮中雅楽寮、法隆寺、大安寺、東大寺、西大寺などに伎楽の教習所がおかれ、四月八日の仏生会《ぶっしょうえ》、七月十五日の伎楽会などに上演されました。また筑紫では外国の賓客供応の上演も行なわれていました。中世以降上演されなくなりましたが、現在は各地の寺院の「練供養《ねりくよう》」に面影を残し、また東大寺などで復元のきざしがあります。

舞楽は雅楽のうち舞を伴なう分野をいいます。おもに唐楽《とうがく》・高麗楽《こまがく》をさしており、広義には神楽・東遊などの国風も含んでいます。唐楽は左方の舞楽、高麗楽は右方の舞楽とされ、両者を交互に舞う「番舞《つがいまい》」の制があります。明治時代、奈良・京都・大阪の三方楽所《さんぼうがくしょ》や諸所の楽人が東京へ招集され雅楽局が編成されました。雅楽局はのちに宮内省雅楽部と改称され、さらに宮内庁式部職楽部となり、現在も百曲ほどを伝承しています。

まとめ

芸能の誕生の場は祭祀でした。アジアでは女性の霊性に対する信仰が普遍的に存在し、神と交流する能力は女性が優越していました。女性優位の信仰は、姉妹が霊性によって兄弟の危機を助けるという信仰を生み、アジア全域に広がって存在しました。女性姉妹が男性兄弟を助ける信仰は、沖縄ではオナリ神信仰とよばれていました。

この女性の霊性に対する信仰は、王権維持のために、女性が祀りを担当し、男性が政治を行なう、「祭政一致」「楽礼一致」という国家統治の形態となって、アジア全域に定着しました。これまで、この文でみてきたところです。しかし、時代が下ると変化が生じました。中国・朝鮮では、芸能は王権の補完機能となり、賓客接待、儀礼荘厳などの目的に奉仕するだけになりました。現在の北朝鮮の喜び組はその残存形態といえます。王権の群小化、拡散化が進んだインドでは芸能は民俗化、地方化しましたが、しかし、現在にいたるまで、王権の記憶を芸態に深く残し、芸能に登場する神霊は王権の守護神が高位を占めています。

古代王権と芸能の共存形態をほぼそのままに現代にまで伝えたほとんど唯一の国が日本です。祭政一致の統治形態をとっていたアジアの諸国が、男性優位社会の到来とともに、祭りが政治を保護するという精神を失っていったのに対し、日本も全体としては男性優位の社会に向かいながら、王権つまり皇室の制度の基層に女性祭祀を大切に保存しています。天皇即位の儀礼大嘗祭、毎年の神嘗祭などがその具体例です。ここでは、女神アマテラス信仰を皇居内に保存した賢所《かしこどころ》についてみておきます。

賢所は平安の昔から宮中内に存在した祭祀所ですが、現代においても、宮中三殿として皇居の中心に存在します。中央アマテラス、左皇室祖霊、右八百万《やおよろず》の神々を祀る三社で、生涯をささげて奉仕する内掌典《ないしょうてん》とよばれる神女が協同生活しています。三殿のまえには神楽を演じる神楽殿があり、定期の祭事には天皇が参加されます。

芸能は神とともにあるという、古代ではアジア諸地域に普遍的であった精神を現代にまでとどめている珍しい文明国が日本なのです。

《１》寛容な日本人 ～排除しないで融合する文化～

どの時代にも他国から多様な文化が押し寄せてきた日本。日本人は異質の文化を人間の侵略や虐待、戦争をともなうことなしに受け入れることができた。他国の文化の受容に寛大であり、つねに新しいものと古いものとを共存させることができたからである。そして、大事に保存し、後世に受け継ぐことができた理由もそこにあった。

（１）ルーツを探る

中国や朝鮮半島と日本の文化は非常に深い関係があった。文化の上だけでなく、人間的な交流もあった。日本人は昔倭人《わじん》と呼ばれていた。邪馬台国を作ったということが『魏志倭人伝』に書かれている。しかし、倭人は日本列島だけに住んでいたわけではなく、朝鮮半島にもいた。日本に渡ってきた倭人のルートのひとつとして朝鮮半島経由があった。そうであるにもかかわらず、日本の芸能史は日本独特のものを作りあげている。

①方相氏《ほうそうし》〈講師：赤木尊文（平安神宮禰宜）〉

豆をまいて鬼をはらい、一年の無病息災を願う節分は、平安時代に中国から伝来した「追儺《ついな》」の儀式がのちに一般化した風習である。宮中で行われていた中国渡来の「追儺」が、やがて大きな神社や寺で行われるようになった。鬼を追いはらう役目をする方相氏が活躍する平安神宮の節分行事「大儺《だいな》の儀《ぎ》」は、平安朝当初の宮中行事「追儺式」を考証再現している。

追儺は迎春呪術

「追儺」は、「儺祭《なまつり》」「鬼やらい」ともいわれます。これは平安朝のはじめより、毎年朝廷の祓《はらえ》の行事として、大晦日の夜に宮中でやっていたものです。旧暦正月の前日、すなわち立春の前日の夜に、大舎人《おおとねり》、今でいえば、皇宮警察です、からだのがっしりした人を方相氏として任命し、桃弓、葦矢を持った群臣らとともに悪鬼を祓う儀式をおこないました。

日本ではいつから始まったかといいますと、七〇六年（慶雲三）、『続日本記』に、「天下諸国疫疾、百姓多死。始作土牛大儺」とあり、疫病が蔓延したとき、土で牛を作って悪鬼を祓いました。

これは、中国から入ってきた風習をそのまま取り入れたものです。中国の漢の武帝の頃、周末期から秦、漢の古礼を記した書物『礼記』「月礼」に「土牛をつくり、以て寒気を送る」とあり、日本はそれを真似してやったことがわかります。

同じく『礼記』「月礼」に「季春・仲秋・季冬の三度、儺祭を行う」という記事があります。季春とは春の終わり、仲秋は秋の真ん中、季冬は冬の終わりという意味です。古来、中国では季節の変わり目に厄除けの行事をおこなっていましたが、このなかで一番大切な「季冬」、冬から春の季節の変わり目を重要と考え、他の儺祭と区別して「大」をつけて「大儺」としました。

平安朝の当時、どのようにして厄除けをおこなっていたのか、平安時代の法令集『延喜式』にその記録があります。

「凡そ土牛・童子等の像は大寒の日の前夜半の時に、諸門に立てよ。立春の日の前夜半の時に、すなわち徹せよ」

（『延喜式』第十六陰陽寮十七）

これは、土で作った牛や童の像を大晦日の夜に門に立てて、立春の前日に撤去すること。あるいは、

「大寒の日に諸門に立つる土《はに》の偶人《ひとがた》十二枚、土の牛十二頭」（『延喜式』第十七内匠寮三十）

厄除けのために門に立てる土牛や土偶の数が十二でなければいけないことが記されています。当時の「追儺」の様子を知ることができます。

「追儺」は中国の陰陽五行の思想に基づく迎春呪術です。日本に伝わると土の牛はのちに鬼になり、豆をまいて悪鬼を祓う行為が節分の中心になっていきますが、これも陰陽五行説に乗っ取っています。

陰陽五行説というのは、世の中の事象は陰と陽が消長を繰り返しながら新たな発展を生んでいくと考える陰陽説。五行説というのは、万物には木・火・土・金・水の五気があり、互いに結合循環して新しい現象を生んでいくというものです。

例えば、豆まきは、相生《そうしょう》と相剋《そうこく》という五行の原理が働いています。相生は相手にプラスの作用が働き、相剋はマイナスの作用が働きます。

相生―木生火　火生土　土生金　金生水　水生木
相剋―木剋土　土剋水　水剋火　火剋金　金剋木

豆まきを相生相剋の原理に当てはめると、鬼に豆をぶつけるのは、豆は堅い、秋に実る金気の象徴です。金は水を生むので「金生水」、水を生む豆を火で炒って痛めつけ（「火剋金」）、それを陰の気を持つ鬼にぶつけ外に追い出すと

いう理屈で、炒った豆を鬼にぶつければ、春がくるのを促進するというのが豆の効用です。

節分に魔除けとして鰯《いわし》の頭と柊《ひいらぎ》の枝を門に挿すという風習も、おなじ原理が働いています。柊は文字通り冬を象徴する木、鰯は和製漢字で、水気（魚）と冬（弱、これも水気）を象徴するので、これを徹底的に痛めつけ戸外にさらして、冬と陰の気を持つ鬼を追放することができるというわけで、大切な呪物になっています。

平安神宮の「大儺の儀」

平安神宮「大儺の儀」は、平安朝当時の追儺式を『延喜式』巻第十六陰陽寮二十、『内裏式』中、『儀式』十などの文献をもとに、一九七四年（昭和四九）、故猪熊兼繁京都大学名誉教授が考証復元したものです。

『延喜式』は『弘仁式』・『貞観式』の後をうけて編纂された律令の施行細則です。平安初期の禁中の年中行儀式や制度などが漢文で記された五十巻からなるものです。九〇五年（延喜五）藤原時平、紀長谷雄、三善清行らが勅命を受け、時平の没後、その息子忠平が業を継ぎ、九二七年（延長五）撰進、九六七年（康保四）施行されました。

どういうようなことをやるか、その式次第をみていきます。

〈1〉まず、大極殿の前に、六間四方の斎場を定め、四隅に忌竹を立て、しめ縄を張り巡らし、陰陽五行説に基づいて北東に青、東南に赤、南西に白、西北に玄（紫）の絹布の垂《しで》をたらします。そこに東の方から、上卿《しょうけい》、殿上人が四人の童を従え、続いて儺人《なびと》などが入場、西の方から陰陽師が六人の儺祭の神事奉仕をする斎郎《さいろう》を率いて入場します。陰陽師が儺祭をつかさどります。陰陽師は陰陽寮で陰陽道に関すること、占筮《せんぜい》や地相を担当した技官のことです。

〈2〉斎郎は神饌を載せた三台の黒木の案をセットします。中央に五色の絹・もち米を蒸して高盛にした飯、右に鰹節・昆布・わかめ・酒。左に延鮑《のしあわび》・酒・塩を供えます。

〈3〉斎郎は陰陽師が祭文奏上の位置を示す版《へん》、軾《ひざつき》をセットします。

〈4〉陰陽師が反閇《へんばい》といわれる邪気を祓い、正気を迎える禹歩《うほ》という独特の歩き方で版《へん》の前に進み、ひざまずいて祭文を奏上します。禹歩というのは、道教《どうきょう》の教典『抱朴子《ほうぼくし》』登渉篇によれば、どんな場合でも禹歩の法をおこなうと、「人鬼も見ること能わず」とされ、自分の姿を隠し、悪鬼を避けて目的を達することができるとされています。歩き方は第一歩目が右足、左足、右足、左足を右足に揃える。第二歩は右足、左足、右足を左足に揃える。第三歩は左足、右足、左足を右足に揃える。この三歩のセットが禹歩の歩き方になります。二拝して祭文《さいもん》を奏上します。祭文の中身は追儺の儀式で鬼を祓ってくださいという呪文です。

〈5〉ここで方相氏が登場します。黒い衣、朱の袴姿に黄金四つ目の面をつけ、盾と矛を持って、侲子《しんし》といわれる童八人を率いて入場します。方相氏が中央に進み、矛と盾を撃ち、三度「鬼遣《や》ろう」と儺声を発します。鬼を追い払うという意味です。なぜ三回かというと三という数はすべてが成就すると信じられているからです。

〈6〉上卿《しょうけい》が出てきます。従三位中納言以上の人、貴族の最高の位の公卿です。斎場中央に進み出ると、桃弓をとって葦の矢をつがえ、先ず東北方、次に西北方を射る。桃は邪気を祓うと信じられていました。葦は水を浄化し、繁殖力が旺盛、日本を象徴するものです。そういうもので鬼を追い払うという作法をします。

〈7〉殿上人、昇殿を許された四位、五位以上および六位の蔵人で殿上にあがることが許された貴族です。桃杖で北東・東南・南西・西北の順で四方をうって鬼を祓います。

〈8〉方相氏が自座の位置で、矛と盾をうち、三度「鬼《おに》遣《や》ろう」と儺声を発します。

〈9〉陰陽師、斎郎が退出すると、方相氏は侲子《しんし》を率いて矛と盾をうちならし、「鬼遣ろう」と儺声を発しながら、斎場の周囲を南西方向より西北・北東・東南の順に三度廻ります。三度目の東南隅より応天門に向かい、扉

いずれも平安神宮「大儺の儀」の方相氏

の外に並びます。

〈10〉門の外に出ると、方相氏が中央に進んで矛と盾をうち、三度「鬼遣ろう」と儺声を発します。

〈11〉上卿《しょうけい》が中央に進み、桃弓をとって葦の矢をつがえ、先ず、東南方、次に南西方を射る。先ほど、東北、西北を射ましたので、これで四方をすべて射たことになります。

〈12〉殿上人が中央に進み、桃杖で南方をうち「オオー」と発声する。

〈13〉方相氏はふたたび中央に進み、矛と盾をうち、三度「鬼遣ろう」と儺声を発します。儺人といわれる方相氏の後ろで疫鬼を追い払う官人が一同にこれを和し退出していきます。

こういう形で終了します。

中国から日本に入ってきた「大儺の儀」をそのまま再現しました。ここに登場する人たちは、平安朝初期の衣裳で全く中国風です。のちに日本風の装束に代わっていく前のものです。すべて律令に規定されている通りに再現しています。儀式そのものも『延喜式』に規定されているとおりです。

書物のなかでは夜、夕刻と規定されていますが、多くの人に参加してもらうために、追儺式「大儺の儀」は、二月三日、午後二時からおこなっています。

◆実演：平安神宮

・方相氏の「鬼遣ろう」の儺声、「禹歩」の歩き方。

・二月三日に平安神宮で行なわれる「大儺の儀」どおりの再現

（二〇〇八年六月九日）

②獅子舞～獅子の呪力～

海の彼方から列島にうち寄せた芸能の波は、日本の芸能にどのような影響をあたえたのか。韓国の〈鳳山《ボンサン》タルチュムの獅子舞〉と日本の〈別所西獅子舞《べっしょにししまい》〉を比較する。どちらの獅子舞も、毛獅子であり、獅子の足使いがナンバ（前足と後ろ足が同じ動作）であるという共通点をもちながら、韓国は獅子芸能を劇として発展させたのにたいし、日本の別所西獅子舞は神事芸能として伝承してきた。

【鳳山タルチュムの獅子舞】〈講師：崔昌柱《チェチャンジュ》（韓国芸術綜合学校教授）〉

韓国仮面劇タルチュム

韓国の代表的な仮面劇をタルチュムといいます。

北朝鮮のものをタルチュム、韓国ソウルを中心に京畿道一帯のものを山臺《サンデ》ノリ（戯）、慶尚道一円のものを五廣大《オグアンデ》、釜山地方のものを野遊《ヤユウ》といって区別しています。

俳優が仮面をつけて、音楽にあわせて踊ったり、歌ったりする風刺劇です。二つの系統があり、ひとつは宮中でおこなわれていた呪術的な儀式の系統で、のちに民間に広がったもの。もうひとつは放浪芸人たちがたずさえてきた芸能の系統です。

テーマは現実主義と批判精神を土台にした宗教的主題、社会的主題、政治的主題、家庭的主題が中心です。破戒僧や貴族階級に対する風刺、不貞の夫あるいは妻の三角関係を扱った倫理的なもの、庶民生活の哀歓などを扱っていますから、破戒僧、没落貴族、巫女、召使いなどがおもな登場人物です。

独特な踊りや身振り、滑稽じみた挑発的な対話をとおして、社会を風刺します。

仮面劇の種類は、揚州別山台ノリ、統営《トンヨン》五廣大、固城《コソン》五廣大、江陵官奴《カンヌンクアンノ》仮面劇、北青獅子《プクチョンサジャ》ノリ、鳳山《ポンサン》タルチュム、東萊野遊、康翎《カンリョン》タルチュム、水営野遊、松坡山台ノリ、殷栗《ウンニュル》タルチュム、河回別神《ハフェビョルシン》グッタルノリ、駕山《カサン》五廣大の十三の仮面劇があります。

獅子の呼び名も地域によってそれぞれ違います。鳳山、康翎、殷栗、北青の獅子舞は獅子。固城、統営の獅子舞は人身獣頭をしたピビ。駕山の獅子舞は獅子と龍《ヨンノ》。東萊、水営の獅子舞はピビセ。河回別神の獅子舞はチュジと呼んでいます。

鳳山タルチュムの獅子舞

鳳山《ポンサン》タルチュムは、韓国の仮面劇のなかで、最も有名なもののひとつです。現在の北朝鮮黄海道鳳山がその発祥の地です。陰暦四月八日におこなっていましたが、朝鮮時代末期からは、陰暦五月五日の夕方に公演をおこなうようになりました。鳳山タルチュムは、一九六七年、無形文化財の指定を受けています。

街頭行進から始まり、祭祀を執りおこなったあと、綱渡りの遊戯をし、夜になると、仮面劇が始まり、明け方まで続きます。鳳山タルチュムの登場人物は三十六名、二十七個の仮面が使われます。

例えば、鳳山タルチュム第二場に登場するモクチェン（墨僧）。仮面は韓国の場合、特にでこぼこが特徴的ですが、鳳山の仮面はでこぼこが特に激しく、モクチェン（墨僧）の仮面にはこぶが七つあります。歴史上、朝鮮半島は多くの苦難を乗り越えてきましたが、その中で庶民がもまれてきたその苦痛をこのでこぼこで表現しています。面の色は濃いオレンジで、若さ、酔狂、破壊を表しています。

衣裳は、派手さを表現するために巫女の衣裳をまといます。白い上下の民衆服に袖のついた上着に汗衫《ハンサム》という手を覆う白い布をつけます。上着と汗衫の間には穴があいています。足の方は庶民や貴族が遠距離を移動するときに使う脛当てをします。

七つの場面から構成されていて、庶民の貧しい生活、両班（貴族）や破戒僧の風刺、一夫多妻制に見られる男性の女性に対する横暴な様子を滑稽にみせます。

第一場　四上佐舞　儀式舞
第二場　八墨僧舞　八人の破壊僧の舞
第三場　寺党舞　民謡をみんなで歌う
第四場　老長舞　坊さん（老長）が女性（小巫）によって堕落していく

第五場　獅子舞　獅子の登場
第六場　両班舞　支配階級の両班（貴族）が庶民に風刺される
第七場　ミヤルと令監舞　夫を巡って二人の女性が争う

台本比較

私が鳳山タルチュムの獅子舞を始めてから四十年になります。北朝鮮から逃れてきた人に教わりました。演じるだけでなく、台本を比較研究すると違いがみられます。

鳳山タルチュムの台本は、民俗学者らが実際の公演をみて採録したものが十以上あります。「李杜鉱（イ・トゥヒョン）本」（一九六五年採録）、「呉晴（オ・チョン）本」（一九三六年採録）、「金イルユル本」（一九五八年採録）、「任哲宰（イム・ソクジュ）本」（一九五五年採録）を中心に、第五場の獅子舞を比較します。

獅子の仮面は、頭が五十四センチ、幅四十八センチ。目の部分は金色の紙を貼り、口を開けた状態で白い歯があり、赤い舌は出し入れが自由。頭の部分に白い毛をつけている（李本）ものや、目がくるくる回るもの（金本）もあります。獅子は二人立ちです。

場面は、八人の破戒僧が登場し、獅子使いに操られ、獅子が道徳的に悪い破戒僧を食べる勢いで追いかけてくると、破戒僧は舞台を回って退場するもの（李本）。八人の破戒僧とともに獅子がいっしょに楽しく踊るもの（任本）。八人の破戒僧が登場すると、一匹の獅子が破戒僧たちと楽しく踊って退場したあと、釈迦如来が老僧を誘って堕落させた悪人を戒めようとして獅子が登場するもの（呉本）など、いくつかのバリエーションがみられます。

いずれも、獅子使いと獅子の問答、あるいは獅子と破戒僧の問答により、獅子が文殊菩薩の使いだと知り、おこないを悔い改めるという勧善懲悪物です。

僧侶の破壊を風刺し、人間の罪を警告して救済する、新しい希望をあたえる内容です。第四場までは、堕落や腐敗した生活を強調し、第五場から違う場面に転換していきます。僧侶も人間であるため失敗するだろうという釈迦如来の慈悲により、釈迦の使いとして百獣の王、獅子が登場するわけです。獅子の登場が無ければ劇は成立しません。

高麗時代から李朝時代への時代の変化によっておきた儒教・仏教の対決、乱れた身分制度による階級社会を解決するために獅子を登場させたのです。

◆実演：孫炳萬ほか三名（いずれも崔昌柱先生の弟子）

・獅子使いと獅子の対話、問答を舞台上で再現。

・鳳山タルチュムの基本動作（手の振り方、足の動かしかた）、仮面の付け方（十字の形で四本の紐で固定する）の説明。

・ワークショップで、受講生全員で手の振り方を学ぶ。

【別所西獅子舞】〈講師：後藤邦玄（別所西獅子舞保存会会長）〉

別所西獅子舞は姫路市別所町の氏神である日吉神社の秋祭りに奉納される民俗芸能で、威風堂々たる雄獅子と優しく気品ある雌獅子からなる二人立ち獅子舞である。

獅子舞の歴史

日本の民俗芸能の中で、最も広い分布と量を誇っているのは獅子舞ではないでしょうか。北は北海道から、南は九州・沖縄にいたるまで存在しています。

祭りに獅子舞がつきもののようになったのはいつごろからなのでしょうか。それには色々な説があって、「もとから日本にあったものではなく奈良朝以前に大陸の伎楽の獅子が入り、それがひとつの典範になったものであろう」とか、「日本固有の鹿や猪の物と羅以来の獅子や龍からの二通りあって、その歴史は古く飛鳥朝以前に遡り得る」という説。また、全国各地の祭りといわず、仏教行事にも出るし、平安中末期のいろいろな公卿日記類には宮廷や寺社で猿楽《さるがく》や田楽《でんがく》がおこなわれたとき、決まったように獅子がともに出ており、「獅子舞は田楽に付随しておこなわれたものだ」とさえ言う人があるぐらいで、あらゆる神事や法会に必然的に加えられていたものではないでしょうか。

また、獅子は普通、ライオンの事と思われています。一九八六年（昭和六〇）「南オーストラリア州一五〇周年祭」にアデレードで獅子舞を披露させていただいたとき、我々の事を「ライオンダンスチームか」とたずねられました。思わず日本語で「獅子舞だ」と答えてしまいましたが、外国の方からみると獅子はやはりライオンにみえるのでしょう。

このライオン、元来日本には生息していない熱帯獣です。なのに、どうしてそれを模した芸能が日本中に分布しているのでしょうか。

ただ、日本の獅子舞は、ライオン種ばかりではなく、鹿とか猪とか流・虎・キリンなどをかたどったものもあります。東北地方では「鹿踊」と書いて「ししおどり」と呼んでいるそうです。これは、昔、鹿を「かのしし」といっていた言葉の略で、現在でも猪は「ヰ《い》のしし」と呼んでいます。

また、シシはもともと「肉」の古語で、食肉のために捕獲する獣を「かのしし」とか「いのしし」と呼ぶようになり、獣一般をシシと総称するようになったと言われています。

獅子舞の分布と形態

「獅子舞」と一般に呼ばれる獅子の芸態を大きく分類すると、一人が頭上に獅子頭をいただいた「一人立ち」の獅子舞獅子と、頭部と尻部をそれぞれ別の舞手が受け持つ「二人立ち」の獅子舞とに大別されます。日本における獅子舞の分布で「一人立ち獅子舞」は東日本に多く、「二人立ち獅子舞」は西日本に多く分布しています。

先ず初めに「一人立ち獅子舞」ですが、獅子を舞う舞手ひとりで一頭をなす形式の獅子舞を「一人立ち」といい、前腹腰部に太鼓（普通は腰鼓といいます）をつけて、これを打ちつつ舞踊するのが特徴です。また、三頭または三匹一組が一般的で、こういう獅子舞を「風流《ふりゅう》獅子舞」とか「三頭獅子舞」や「三匹獅子舞」と呼びます。ついでながら、江戸時代、ちまたの風物詩だった子供たちによる曲獅子の「角兵衛獅子《かくべえじし》」（関西では「越後獅子」と呼びます）姿は「一人立ち」です。しかし、演ずる芸は曲芸が入っており、「二人立ち」に分類されます。他に一人立ちで曲獅子と呼ばれる曲芸の獅子舞がないので、本来の姿がどうであったかはわかっていません。

次に「二人立ち」の獅子舞ですが、先に述べましたように、全国に分布していますが、西日本で特に多くみられます。歴史的には六世紀の中ごろ、仏教の伝来と共におそらく「二人立ち」の獅子舞も伝播してきたものではないかと推定されます。はっきりしているのは、「推古天皇二〇年（六一二）二月に百済の帰化人〈味摩子《みまし》〉が呉の国で習得した伎楽舞《くれのうたまい》を大和の桜井で少年たちに伝習した」と『日本書紀』に記載されています。

「伎楽舞・くれのうたまい」とは伎楽舞《ぎがくまい》のことで、その頃の伎楽面は数多く残されており、その中には獅子頭もあります。

たとえば、正倉院にある獅子頭、七五二年東大寺大仏開眼供養の伎楽に用いられたもので、実に奈良時代中期一二五七年も前のものです。これをみますと今日の太神楽《だいかぐら》獅子の獅子頭と形状的にはよく似ています。

次に獅子の全体像はどうでしょうか。七四七年（天平十九）の『法隆寺《ほうりゅうじ》伽藍《がらん》縁起《えんぎ》幷《ならびに》流記《るき》資財帳《しざいちょう》』によれば、胴体は五色の毛で覆われていたらしく、平安末期に少納言入道信西（藤原道憲）が編述したとされています『信西古楽図《しんぜいこらくず》』には縫いぐるみの獅子が描かれています。頭は明らかにライオン系とみてよいと思います。この外にも後々の日本の獅子舞のように、幌をかけて胴としたものもあります。

時代はぐっと下がって、江戸時代、一六九〇年（元禄三）発刊の『人倫訓蒙図彙《じんりんきんもうずい》』にはライオン系の獅子頭に『信西古楽図』そっくりの角が生えた獅子舞が出てきます。

平安時代末の『年中行事絵巻』に描かれている獅子舞は、幌胴《ほろどう》に毛を左右三段ずつ縫い取りした胴で、縫いぐるみと幌の中間です。

沖縄地方や九州での獅子は縫いぐるみですが 伎楽などの伝来と共に渡来したものではなく、その後に中国より再来したものではないかと考えられています。

このように、一口で獅子舞と言ってもさまざまあり、単純に解析できません。その歴史の末に行き着いた先が、最も多く見かけられる赤・金・黒などの箱型の獅子頭と、胴は幌かけの獅子舞となったのではと考えられます。

「二人立ち」の獅子舞は、かように伎楽・舞楽とともに伝習したとすれば、現存する日本の芸能の中でもっとも古いものだと考えられます。平安時代には『年中行事絵巻』の稲荷祭りなどの神幸祭《しんこうさい》の場面にみるように、盛んに獅子舞が舞われていたようで、そのころの獅子舞は半幌半縫いぐるみといった様子であり、すでに日本化（現代化）が進んでいます。

信仰のシンボルとして全国津々浦々に集落の主語的な存在として獅子舞があり、特に神楽には「獅子神楽」と呼ばれるものも存在します。

一つは東北地方の「権現舞《ごんげんまい》」であり、もう一つは「伊勢太神楽《いせだいかぐら》」や「熱田太神楽《あつただいかぐら》」に由来する「江戸神楽」です。獅子頭を奉じて家々の門を廻り、祈祷の獅子舞をし、護符を配って歩きます。

特に「伊勢神楽」は北陸・近畿地方を一年中祈祷して回り、その余興には放下《ほうか》の芸といって、曲芸を演じ、人々をくつろぎ楽しませます。

獅子頭の形状も一様ではなくなり、近畿から中国・四国にかけては、鼻ぺしゃで幅の広い獅子頭が多いのが特徴です。その他には、虎の頭や麒麟《きりん》の頭もあります。特に、麒麟造りの「麒麟獅子舞」は鳥取県や兵庫県北部にみられます。

二人立ちの獅子舞は千数百年前に大陸から伝来し、長い歴史と、地方伝播を経験するうちに日本化を果たし、様々なバラエティーを生んだのではと考えられます。

神事芸能

さて、私どもの「別所西獅子舞」とはどのようなものでしょうか。その歴史から説明します。

兵庫県神社誌や印南郡誌及び大塩天満宮「祭」によりますと「元福居村の東に賀茂明神と称し、大塩荘の福居村・北宿村・小林村の三ヶ村の氏神があった。応永の頃（一三九四〜一四二八）それぞれ分離して村々に神社を建設せり」とあります。ここの福居村とは現在の別所西のことで、我々が獅子舞を奉納しています日吉神社の始まりと考えられます。そのころから獅子舞はすでにおこなわれていたようで、この地方の獅子舞の元祖と伝わっています。しかし、山陽道に沿ったこの地にどこより伝わったのかについて伝承は残っていません。

以前は青年団員（十五〜二十五歳）が屋台を練り獅子も舞っていましたが、一九七七年（昭和五十二）に解散となったので、別所西自治会や多くの獅子愛好家の協力を得て、翌年に獅子舞保存会を結成し、一昨年五月に保存会結成三〇周年記念行事を実施しました。また、三〇周年記念誌を発行しました。

さらに一九八四年（昭和五十九）には同会の中に子供獅子を結成し、舞の一部を分担して保存の強化を図りました。

日吉神社の秋季大祭は旧暦の九月五日・六日、新暦では十月十六日が宵宮で十七日が本宮でしたが、生活環境の変化とともに現在は体育の日にかかる土・日曜日に変わりました。土曜日が宵宮、日曜日が本宮です。また、翌月曜日の祝日は裏祭りと言い竃祓《かまどばら》いを実施しています。

以前は十六日の早朝に獅子頭を含めた道具を神前に供えた後、神職神子一同「お面懸の舞」を奏し、その後夜に獅子舞を奉納していたそうです。翌十七日の本宮には再び獅子や道具を神前に供えたあと、一旦持ってかえり、再び獅子の先導のもと屋台が続いて宮入をして、その後獅子舞を奉納しました。祭が終わった十八日が竃祓いです。地区中の全戸に獅子頭を持ってまわり、竃のところで獅子頭を持ち御弊を振り悪魔祓いをして花（寸志）をもらっていました。

現在では、「お面懸の舞」は途絶えましたが、子供会六年生女子が「浦安の舞」を奉納し、自治会をはじめ各種団体が中心となって屋台練りや獅子舞を奉納しています。

これからご覧いただく「神楽の舞」（図1）は雄獅子が神に仕える荘厳な姿を現す舞で、本宮のみの奉納舞いです。咥《くわ》えている刀を抜き当地を祓い清め厳粛に舞います。その後肩車になり、さらに上に乗っている者が横に倒れ四方を祓い清めます。下の者は獅子と舞い手の重みに耐えなければならず、古来より村一番の力持ちしかできないと言われています。

当町の獅子は各地でおこなわれている神楽獅子の形態をたどらず、古来のまま野生の形態を継承しています。また毛獅子と称し頭から胴体、尾先にいたるまで黒色の毛で被われ、二人の舞手がこれを被って舞う様は真に迫る力強さを感じさせます。獅子舞を奉納する目的は五穀豊穣と子孫繁栄と言われています。獅子は雄雌からなり容姿を異にし、雄は威風堂々の貫禄をしており、雌は、いと優しく優雅な中に気品を感じさせます。

舞については、雄は野性ながらも奏でられる音曲に陶酔して舞い、その威容を誇りつつも勇敢なる剣豪には降伏し、能ある里人に操られて牙をおさめて服従する様子を演じます。

また雌は猛獣の威を忘れ、花に戯れたり蝶に誘われて静かに舞いつづけ、女性の艶やかさと愛らしさに一体となっ

（図１）別所西獅子舞「神楽の舞」

て遊び、さらには猿とともに仲良く遊ぶ様子を演じます。

特徴

当町の獅子舞は、舞う人を「舞子」といい、頭部を持って舞う人を「頭」、尻部に入って舞う人を「後獅子」といいます。また、つり手のことを「釣り子」と言い、獅子舞総ての責任者を獅子方と言います。また、次のような特色があります。

ひとつは獅子舞に関する道具が地元での手造りであることです。獅子頭は村人の手造りのものを使用しており、その技術を伝承しています。粘土でおよその頭の形を作り、それに濡れた和紙を貼りつけて膠《にかわ》で固め乾燥します。再び同じことを繰り返し、仕上がると約八キロの重さになります。

その後、仏壇屋さんで漆を塗り金箔を貼り付け、頭の毛は馬の毛を膠で植つけてできあがります。要する期間は数年かかりますが、専門店に依頼すると約半年でできあがるそうです。現在では接着剤も色々ありますので、膠も使用しますが、ふ糊や木工ボンドなども使用しています。

また、胴幌は麻の蚊屋地に馬の鬣《たてがみ》を縫いつけますが、馬の鬣を編んだ物が入手困難な為、今は専門店に制作を依頼しています。しかし、専門店でも馬の鬣は入手が困難で、数年前新しく作った胴幌は馬の尻尾の毛です。ちなみに子供獅子の胴幌の毛は「ヤク」の毛を使用しています。

笛は正月前に篠竹で真直ぐなものを切り、湯灰汁抜きをした後、数年間軒下で乾燥させ、焼き火箸で穴をあけて作ると伝わっていますが、今は鼠キリで下穴をあけ小刀でくり抜き作成しています。これまた最近は制作時間の短縮のため、機械も使用しています。

この他に釣り子の道具として棒・蝶・毬《まり》・花・擂粉木《すりこぎ》は手造りですが、猿・ヒョットコ・おかめの面は姫路特産の張子面を購入し使用しています。

上記の事が認められ、一九九九年（平成十一）十二月二十日に姫路市指定重要無形民俗文化財に指定されました。しかし、この保存会を結成するまでは獅子舞は神事であり、子供や女性が直接参加することはできませんでした。しかし、この伝統芸能を後世まで継承していくためには、小さいころから獅子舞に関わることが必要ではないかということから、一九八四年（昭和五十九）に子供会の協力を得て「子供獅子舞」を結成し現在に至っています。また、二〇〇〇年（平成十二）には女性も入会し、笛方や着物の着付け等の仕事をお願いしています。まだまだ封建的な考えが残っており、女性が直接獅子舞をすることができませんが、昨年からは小学校六年生の女子に「花の舞」の釣り子をしてもらいました。時代の変化とともに、別所西獅子舞も少しずつ変化しています。

それでは最後に雌獅子が舞います「天の舞」（図2）をご披露し結びとさせていただきます。「天の舞」は天から奏でられる曲に合わせ、雌獅子が温和にかつ優雅な姿をあらわす舞です。

（図２）別所西獅子舞「天の舞」

◆実演　別所西獅子舞保存会「神楽の舞と天の舞」

（二〇〇九年四月二十七日）

③語り物―パンソリと説経浄瑠璃

説経浄瑠璃と韓国のパンソリは、どちらも神と人が交流する言語行為――神に代わって語る、語り物の芸能である。語られる物語には、その結末に大きな違いがみられる。説経浄瑠璃の物語には、修行した人間が神になれるという信仰（神仙思想）が反映し、絶対神を仰ぐ道教信仰を背景にもったパンソリの物語とは大きく異なる。日本の多神教と韓国の一神教的性格の違いが反映しているためである。

【パンソリ】〈講師：安淑善《アンスクソン》（韓国芸術綜合学校教授）〉

歴史

パンソリとはひとりの歌い手とひとりの太鼓の叩き手がペアになって共演する語り物の伝統音楽、いわば語りのオペラです。歌い手である唱者は「広大（クァンデ）」と呼ばれる放浪職業芸人です。これはひとりで広くて大きいことを演じるためについた呼称で、パンソリが「独りオペラ」といわれる所以です。

物語に節をつけて歌い、一人の歌い手が鼓手の打つ長短（拍子）に合わせ、長いストーリーを歌、ことば、身ぶりを取り混ぜながら、即興的に演じます。

基本的に短調で歌われ、その発声のひとつひとつが芸術であり、深い感情の裏付けと磨き上げた表現技術があって、はじめて完成する極めて奥深い、総合的な芸術といえます。パンソリのパンは多くの人が集まる場所を意味し、ソリは音の意味です。

十八世紀初頭、朝鮮中部以南、全羅道を中心に始まったもので、巫女クッから発生しました。世襲巫女が巫楽の伴奏と祈祷歌を歌っていた独特の歌いや語りが庶民風に転化したもので、歴代の名手は全羅道地方の世襲巫女家庭出身です。十八世紀半ばごろその形が完成をみます。そして十九世紀に全盛期を迎えます。十九世紀前期に八人、後期に八人の名唱を生み出し、大衆的なスターを輩出しました。

二十世紀になると、それまでは男性が中心だったパンソリも女性がたずさわるようになり、例えば、金昌煥、李東伯、金昌龍、金采萬、丁貞烈といった女性の名唱があらわれました。最近は男性の名唱が衰退し、女性の名唱が独占しているという状態です。

演目は、もともと、「春香歌」、「沈清歌」、「興夫歌」、「水宮歌」、「赤壁歌」、「ビョングァンセ歌」、「雍固執打令」、「江陵梅花打令」、「武叔一打令」、「ジャンキ打令」、「假神仙打令」の十二種類ありました。十九世紀末になると、パンソリの父と呼ばれるパンソリ作家、申在孝（シンジェホ）があらわれ、パンソリは整理されます。「春香歌」、「沈清歌」、「興夫歌」、「水宮歌」、「赤壁歌」、「ビョングァンセ歌」の六演目に整理され、歌詞も両班（貴族）の美意識にあわせて推敲をおこないました。現在は「ビョングァンセ歌」が抜け、古典作品として五曲が現存しています。

パンソリには東便制（トンピョンジェ）、西便制（ソピョンジェ）、中高制（チュンゴジェ）の三つの系譜があります。東便制は山岳地帯、全羅道を南北に流れる島進江の東で伝承されたもので、装飾されていない、たいへん勇ましい語りです。宋興禄→宋光禄→宋雨龍→劉成俊、宋萬甲によって伝承されました。

西便制は平野地帯、島進江より西の光州、羅州、宝城、康津などで伝承されました。音色は柔和で、技巧に富み、繊細で洗練され、華麗で劇的です。朴裕子→丁昌業、李捺致、鄭在根→金昌煥、丁貞烈、金采萬、鄭應珉らの伝承系譜です。

中高制は京畿道や忠清道に伝承されていましたがこれといった特徴はみられず、現在は存在しません。パンソリは二〇〇三年に、世界無形遺産に登録されました。

パンソリの特徴

先ず拍子です。

太鼓の伴奏には、「長短」（チャンダン）と呼ばれる独特の拍子があります。強弱や高低により、ジンヤンジョ（陳揚調）、ジュンモリ（中莫利）、ジュンジュンモリ（自振莫利）、フィモリ（揮莫利）などに分けられます。これらは語りの内容にあわせて使いわけられ、場を盛り上げます。

また曲調には、ウジョ（羽調）、ケミョンジョ（界面調）、ピョンジョ（平調）、キョンドルム（京調）などがあります。

構成要素ですが、演唱の基本はソリ（唱）、アニリ（せりふ）、バルリム（所作）の三つです。これが基本要素です。ソリはジンヤンジョ（陳揚調）、ジュンモリ（中莫利）、ジュンジュンモリ（自振莫利）などの拍子にあわせて歌う歌のことです。

アニリはパンソリの劇的な事件の変化、時間の経過、登場人物の対話や心理描写または彼らの独白などを説明し、あるいは対話体で表現します。

バルリムは動作としてのいろいろな表情を身ぶりで示します。

発声法ですが、おなかから息をあげて複式呼吸でおこなうのは西洋の発声法と同じですが、咽喉を安定させて若干荒く、さっぱりとした大声を出し、鼻の響きよりは口と胸の響き、つまり高低清濁の音にもっと力を入れる点が違います。

唱者（歌い手）の伴奏をするのが、鼓手です。パンソリにあわせて、合いの手を入れ、太鼓（プク）で伴奏をします。鼓手は歌い手と同じに歌詞や曲を理解していなければなりません。バチを右手に持ち、軽く太鼓を叩きながら、唱（歌）につれて演技的な歌い手の相手役にもなります。ときには、太鼓のバチさばきで唱の緩急を促すこともあります。このことを唱の陰陽を促すといいます。鼓手は指揮者と伴奏者であると同時に、唱者の一挙手一投足から目を離さない保護者の役割も果たしているのです。

このような関係があるために、昔から名鼓手は、パンソリの名唱者であることが多く、朝鮮朝末期の名鼓手、安光緑と朱徳基はパンソリの名唱者としてその名が知られています。

鼓手は合いの手の囃子ことば（チュムセ）、パンソリを歌うときに興趣をそそるために発する感嘆詞を発します。例えば、「ジョッタ」「オルシグ」「ジョチ」「ウイ」「オルス」「ハモン」といったものです。フラメンコの「オーレ」という掛け声と同じようなものです。チュムセを聴衆に誘導することもあります。

パンソリにとって聴衆は重要な役割を果たします。パンソリの聴衆はおとなしく舞台に向かって楽しむという単純な客席の見物人ではありません。舞台と客席という関係を超越しパンソリの参加者の役目を引き受けます。聴衆も興にのるとチュムセを入れて歌い手の興をあおります。聴衆はパン（場所・場面・舞台）の中に飛び込むことではじめてパンソリが成立するというわけです。観客との一体化が重要になってきます。唱（歌）に調子をあわせる太鼓の叩き手の音と見物人である聴衆が語りの流れに完全に溶けあって相互に興を盛り立てあってこそ完璧な公演になります。

「沈清歌」（シムチョング）

神と人との交流を物語る語り物芸の代表的作品に「沈清歌」があります。竜王の娘だった主人公が、人間界に生まれかわり苦しみを重ねるという物語で、現存するパンソリ古典の五曲の中でも悲劇性が最も強調された作品です。「沈清歌」の物語を紹介します。

両班（貴族）の子孫である沈鶴圭（シムハクキュ）は妻に先立たれ、盲目の身です。孝行娘の沈清（シムチョン）は物乞いをしながら父を養っていました。寺に米三百石を寄進すれば、父親の盲目が治るという僧侶のことばを信じて、南京の商人に身を売ってお金を作り、荒海に生け贄《にえ》として身を投げます。沈清は竜宮で竜王と出会い、前世では竜王の娘であったが、罪を犯したために人間に生まれかわり、苦しみを重ねているのだということを知らされます。真心に感動した玉皇上帝《ぎょくこうじょうてい》の助けによって沈清は人間界に帰り、目のひらいた父と再会し幸せに暮らします。玉皇上帝とは、道教の最高神です。道教の玉皇信仰が強く反映した作品です。

最も難しい演目として認識されているのは、パンソリの技巧的な音楽語法が網羅されているからです。

◆実演：安淑善

・ワークショップで、パンソリの一部を安淑善先生が語り、受講生はチュムセを体験。弟子による伽耶琴並唱、妓生の娘と両班の息子の身分を越えた恋愛を描いた物語「春香歌」のアリアの部分の実演。

※参考文献　『パンソリ』東洋文庫

（二〇〇九年十一月十六日）

【説経浄瑠璃】〈講師：若松若太夫（説経節太夫）〉

説経節の本質

説経節は中世末、室町時代の後期から近世、江戸時代にかけておこなわれた語り物で、「説経」の言葉の通り経文の解釈、講釈から派生し、節をつけて語られるようになった芸能です。

ささら（簓）を伴奏に語った「辻説経」「門説経」いわゆる大道芸や門付《かどづけ》芸が原型であるといわれています。ささらというのは、竹の先を細く切って束ねたものを刻み目のある木の棒に擦りあわせて音を出す打楽器です。

江戸時代中ごろの儒学者である太宰春台（一六八〇～一七四七）の随筆『独語』に「説経というものは、もと法師のなかに本説経師というものありて、仏法の尊きことどもを詞に綴り、浮世の無常の哀に悲しき昔物語を演じ、善悪因果の報いある事どもをも物語に作りて、これにふしを付けて哀なるように語りしなり」と記されています。哀調を帯びた語りの中にこそ、説経の本質があるのではないかと思います。

説経の芸能化

室町時代後期になると、巷間の民間宗教者が説経を語りはじめます。放浪芸能としての説経の時代です。あちこちの辻に立ち、ささらを伴奏に語る辻説経や、家々を回る門説経が知られています。語る内容はいわゆる「本地物《ほんちもの》」でした。本地物というのは、寺社の由緒や由来に祀られる神仏が人間であったとする時代のことを説いた物語です。

鞍馬の毘沙門天の申し子として生を受けた小栗判官の人間界での苦悩と、一度死んで蘇生する英雄として美濃墨俣の正八幡（八幡社）に祀られる物語を説いた「をぐり判官」や、信濃善光寺の如来堂の傍らにある親子地蔵の人間界での苦悩を物語る「せっきょうかるかや」など、本地物の代表的な演目です。

江戸時代になると、次第に三味線を伴奏とし、操り人形と結びついて、小屋掛けの興行がおこなわれるようになります。京都四条河原では、日暮小太夫、虎屋喜太夫が、江戸の堺町では、天満八太夫といった太夫が活躍しました。都市を中心に人気を得ましたが、寛文（一六六一～一六七二）から元禄初年（一六九二）ごろを最盛期として、その後歌舞伎や文楽に影響をあたえながらも十八世紀半ばには廃絶してしまいます。

江戸中期寛政年間、一七九〇年ごろに説経は再び形を変えて語られるようになります。これは山伏の祭文《さいもん》に残っていた説経を発展させたもので、「説経祭文」とも言われています。江戸本所四ツ目の米屋の主人、米千《こめせん》が説経を語り、初代薩摩若太夫を名乗ったという記録が喜多村信節著『嬉遊笑覧《きゆうしょうらん》』（自序　文政十三年〔一八三〇〕）にあります。初代から二代にかけては堺町や猿若町の薩摩座、結城座へ操り人形とともに出演していましたが、これも次第に人気を失います。五代目若太夫を継いだのは板橋仲宿（東京都板橋区）の神楽師であった諏訪仙之助という人です。私が名乗っている「若松」は、五代目の弟子で騎西（埼玉県加須市）の若松辰太夫（晩年日暮龍卜と名乗る）がたてた名跡で、埼玉県北部から群馬県にかけて勢力をもち、多くの語り手を輩出しました。

若松若太夫三代

初代若松若太夫（一八七四〔明治七〕～一九四八〔昭和二十三〕：本名松崎大助）は、一九〇七年（明治四十）ごろ郷里の熊谷（埼玉県熊谷市）から東京に進出、唯一の説経節太夫として活躍した人です。初代は従来の説経節の曲節を変化させ、独自の説経節を創りあげました。三味線演奏と語りを一人でおこなう弾き語りのスタイルで語り、大正から昭和にかけて、舞台、ラジオをはじめ、SPレコードも多数吹き込み、一世を風靡しました。

二代目若太夫（一九一九〔大正八〕～一九九九〔平成十一〕）は初代の六男の松崎寛が継ぎますが、戦後の社会変革で説経節は芸能の基盤を失い衰退します。二代目は芸を離れ、困窮のなかで、体調を崩して失明します。苦労の人でした。数十年のブランクを経て再起。活動を再開します。その後出会ったのが、のちに三代目若太夫を名乗ることになる私です。

二十五歳のとき、二代目の、哀切きわまりない三味線と語りで説経の真髄をみせる舞台に衝撃を受けました。それに圧倒され、入門しました。

入門一年目から前座で鍛えられ、師匠の二代目が八十歳で亡くなるまでの十年間、ほとんどの高座を舞台袖から見続けました。師匠に言われたことは、語るときの姿勢、声の響き、声の余韻を大切にするということです。

現在、プロ唯一の説経節太夫として、どのように語れば時代にあうのか、広く聴いてもらえるのか、日々精進しながらの毎日です。

「本地物」と「さんせう太夫」

神仏が人間であったという設定で、苦難の物語として展開する語り物を本地物といいます。主人公が神仏の申し子であったり、人間界で苦難に見舞われながらも、最後は神仏の加護によって救われ、神仏として祀られます。放浪芸人が得意とした説経語りです。

「さんせう太夫」は、本地物の代表的な作品と言われています。タイトルの「さんせう太夫」は、安寿と厨子王姉弟を虐げる強欲非道をきわめる長者の名前です。親子別離の悲しさや、姉弟愛を中心に描かれる物語ですが、本来は金焼地蔵の霊験譚として寺社の勧進のために語られたものです。

現存する古い説経正本の冒頭は

「ただ今語り申す御物語、国を申さば丹後国、金焼地蔵の御本地を、あらあら説きたて広め申すに、これも一度は人間にておはします。人間にての御本地を尋ね申すに、国を申さば奥州日の本の将軍、岩城の判官正氏《はんがんまさうじ》殿にて、諸事の哀れをとどめたり。」

という語りだしです。

「金焼地蔵の御本地」というのは、丹後国の金焼地蔵がもともとは人間だったこと、人間界では奥州の岩城地方の判官で正氏という名で、その一生は苦難に満ちたものと伝えています。このはじまりは本地物の典型的な語りだしです。最後は「金焼地蔵の御本地を、語り納むる末繁盛物語」で締めくくられます。

「さんせう太夫」では金焼地蔵の本地は正氏ですが、本人は物語の冒頭と最後に登場するだけで、中心は妻子の苦難であり、とりわけ安寿と厨子王の姉弟愛が切々と語られます。物語の中で地蔵尊の守り仏が正氏を象徴して登場し、家族を守護する存在となっています。このことから「さんせう太夫」は新しいタイプの本地物といえるかもしれません。

説経の本地物の形式は、時代が経つにつれ次第にうすめられ、それは宗教的な要素の欠落とともに、内容もより人間を描くようになります。人間が苦難の末、神仏になるのではなく、人間として幸せを手に入れるという結末に変化していくのです。「さんせう太夫」は説経がいわゆる都市化した典型的な作品といえるでしょう。

本日聴いていただく「さんせう太夫」は若松派の台本では全部で三十六段からなっています。現在語るのはこの親子対面の段ぐらいとなってしまいました。若松辰太夫が書き残した台本がありますが、残念ながら語りだしの部分は残っておりません。語りおさめは、厨子王がさんせう太夫の一族を成敗し「悪人亡び善人の栄え行くこそめでたけれ」となっています。

◆**実演：若松若太夫**「さんせう太夫――鳴子の唄・親子対面の段――」

「さんせう太夫――鳴子の唄・親子対面の段――」**歌詞**

そうれ盛衰は　あざなえる縄の如しと世のたとえ　奥州五十四郡の御主　岩城判官政氏の　御公達なる厨子王丸　乳

母たけ母に舟別れ　丹後の国の一分限　さんせう太夫に買いとられ　姉の安寿とは山別れ　憂き艱難の年月に　梅津大納言に拾われて　世継ぎとなって参内　梅津中将有俊と　御改名をあそばされ　めでたく御出世　あまたの同勢召し具して　北陸道を下向なす　越後直井が浦よりも　佐渡が島へ四十五里　御大将の御座船は　巨勢金岡描いたる上り龍には下り龍　辰のかしらの龍神を　さもありありと　絵組まれて　紫錦の船幕に　梅の古木に　つなぎ駒の小幟押し立て　水手楫取り舟子ども　八十五丁の艪をたて　艪拍子揃えてヤッシッシー　沖中遥かに漕ぎ出だす　その日の追手の順風に　船足早く見止まらず　松が崎の浜端へ　早くも御座船着船　追い追い供船も着船す　浜辺の方にて供揃え　その時中将有俊公　御装束をあそばされ　馬上に召され給いつつ　御近習中老者頭　御用人には御家老御小人御先手　大傘立て傘伊達道具　振り出す奴の足拍子　ハイホウ　わき寄れそこのけろ　慮外致すな　供きるな　我君様のお通りじゃ　下に下にと権柄に　外が谷村の　次郎が方へ御通行　ここに哀れは陸奥の　五十四郡の御主　政氏公の北の方　むらじの御前の御方は　遥か彼方の畑中の　くず屋の内におわせしが　今は我が子に粟畑　もとの御身に鳴子綱　手に取りたまい御台所　安寿恋しやほうやれほう　づし王恋しやほうやれほうと　声もかすかに哀れげに　鳴子の綱を引きたもう　その声遥かの往還で　親子の奇縁の引き綱か　ただしは風の模様かや　有俊公は耳にとめ　同勢しばしと控えさせ　アイヤ藤馬　村役人をこれへ呼べ　ハハア　アー村役人　村役人我君様の御召しじゃ　急いでこれへ出ませいと　呼び立てられて　庄屋の彦作　御前へ出でて両手をつかへ　ヘエーッ　村役人　遥か彼方の耕作のうちに　女性の声にて小唄節　あれは何者なるぞ　ハイハイあのほやらほうでございまするか　あれは御殿様の御本陣　外が谷村の次郎右衛門が召し抱えのばばでござりまする　かれは度々渡海つかまつりまして　越後直井が浦の曲者山岡権藤太とかやらんがもとより　買い取りましたそうでござります　何が親子四人連れ　子ども二人は丹後の国　さんせう太夫に買い取られたそうでございます　ハイ　二人を買い取りました次郎　この国へ連れ戻します途中にて　一人は海中に身を投げて　怨霊になったそうでございます　ハイ　残るばば　この国へ連れ戻し

ましたが　毎日毎日　我が子に会いたい会いたいと　嘆き悲しみまして　遂には両眼泣きつぶしましてナ　めかいの見えぬばば　家内に置いても　何の役にもなき故にと　この往還づき八反ぶりは　次郎が持ち分でございます　ただいま早稲が実入り時　おくが出穂にかかりまして　その粟や稗の穂をついばみまする小鳥を追うのが　ばばの役目でございます　ハイ　様子残らず彦作　有俊公は胸に釘　何という村役人　一人は海中に身を……　怨霊に　残る一人は　まろが母ア……　それは如何にも面白からぬ　まろはその小唄節　所望じゃ　所望致さん　藤馬その方一人　供致せ　残る同勢には　暫くの間休息あいとらせよ　ハハア　庄屋の彦作先に立ち　粟の畑へ御案内　ほどなくかしこになりぬれば　庄屋は小屋へ立ち寄って　御殿様　これが即ちばばが居ります藁小屋でございます　道々も申し上げました通り　毎日毎日村の子どもらになぶられてをります故　容易には唄いますまいが　下拙がよう言いきかせまして　唄わせまするでございます　暫くお待ちくださりませ　庄屋はくず屋へ立ち寄って　むしろ戸ぐっと引きめくり小屋の内にぞ入りにける　ばばや　また泣いてやしゃったのかい　可哀想にのう　泣かずとな　わしの言うことようお聞かしゃれ　ばばも知ってであらう　このたび御国替えになったことを　その御国替えになった若殿様がナ　ばばの唄うほうやらほうがの　お耳に入って　面白そうな小唄節　所望いたさんと御意あそばしてナ　これなる畑へいらせられた　いつもと違うぞ　一調子張り上げてナ　念を入れてナ　唄って聞かせよ　ばば　聞くよりばばは心のうちに　粟稗などといふものは　和歌にも詠みし詩につくり　草の名のみと思いしに　今は我身の上にふる　三郡ばかりとる人の　所望でみめへいたすのも　身弱なやつめと　見下げられしが残念と　思えど今は是非もなく　なるほど名主様　御国替えになったということは　往き来の人の話に聞きましたれどな　雲居に近き御方の　お耳にかなう用はない　その義ばかりは幾重にも　お許しなされて下さりませ　なんだ　御殿様の仰せに背いて済むと思わっしゃるかい　済まうとて済むまいとて　ばばは構うたことじゃないわい　わたしは遠国より買われた身　地頭もなければ名主も持たん　次郎右衛門はご主人　何なりと背かれねど　他にへつらう者は一人もないわい　なーんだ　他にへつらう

者は一人もない　よし　そんなら次郎に言いつけて　手ひどい打擲にあわせてなりと　唄わせにゃこの庄屋の役目が立たん　どりゃ　ひと走りいてこうかと　そこ立ちあがり　行かんとす　まま待って下され名主様　待ってくだされませ　そのようなこと告げてなら　手ひどい主次郎右衛門　十の生爪はがされて　金の蔓手をほらすとか　唄なら唄うて聞かせましょう　オッ　唄って聞かするか　ああ　よかった　それでナ　わしもおおきに　血の道が落ち着いたそれじゃな　いまも言うとおりだ　いつもと違うぞ　一調子張り上げてナ　念を入れてナ　よいか　やったやったと高調子　浜辺育ちのならいかや　せんかたなくなく立ち出でて　鳴子の綱を探りとり　涙にくもる声をあげ　鳥も生ある鳥なれば　追わずと立てよ粟の鳥　鳴子に生はあるまいが　ばばはめかいが見えぬぞよ　引かずと鳴れや鳴子竹安寿恋しやほうやれほう　厨子王恋しやほうやれほう　どもにどうしていることか　会いたいわいな会いたいと　聞くより若君たまりかね　床几をはずしてそば近く　母上様　づし王丸にござりまする　お懐かしゅうござりまするすがるその手を取ってつきのけ　エエな何するだ　村の子どもを連れてきて　御殿様などと偽って　我が子などとはけがらわしい　腹立ちや腹立ちや　めったにそばへ寄る奴は　どいつでも　どなた様でも容赦はせぬぞ　思い知れよわらんべよと　持ったる杖を振り上げて　丁々発止と打ちなやす　見るより御近習藤馬庄屋もろとも　しめろくくれと立ち寄るを　有俊公　おしとどめ　早まるな藤馬　これにおわする老女は　岩城判官政氏公の北の方　むらじの御前なるぞ　ハアーッ　母上様　我こそはまことにづし王丸にござります　母上様母上様　何を言うても　御目が見えねば　何をききわけがあろう　若君ふっと心づき　懐中より　守り袋を取り出だし　錦のふくさの中よりも　佉羅陀山の御霊仏を　うやうやしくぞ取り出だして　母の額に押しあてて　南無や佉羅陀山の御霊仏　こいねがわくば　母上の両眼これにて明らかに　何とぞ開かせたびたまへと　ただ一心に念ずる折から　ああら不思議や　光明パッとかがやいたり　御台所の両眼は　霧の晴れたるごとくなり　互いに見かわす顔と顔　そなたはまことのづし王か　どこでどうしてそのように　出世の身とはなったるぞ　会いたかったとすがりつく　若君も御喜び　ここにて御目にかか

るとは　八千代の椿優曇華の花咲き稀なる御対面　御親子手に手を取りかわして不思議な対面をなしたもう　まことにめでたき次第なり

※参考文献　ＣＤ「初代生誕一三〇年記念　説経節　初代若松若太夫」
「説経節と若松若太夫（文化財シリーズ第七十四集）」（板橋区教育委員会編集）
（二〇〇七年十月二十九日）

④民俗芸能―農楽と田囃子

韓国の農楽《プンムル》と日本の田囃子《たばやし》、どちらも農民が豊作を祈願して祝う、土地の神霊を動かす伝統芸能である。

【農楽】〈講師：朴実《パクシル》（音楽家）〉

豊作を祈願する農村の音楽

プンムル（農楽）は朝鮮半島に古くから伝わる伝統芸能です。農民たちが豊作を祈願し、祝う音楽、農村の音楽という意味です。

日本統治時代に、宮廷音楽「雅楽」と区別するために、「農楽」と総称されるようになりましたが、今は農楽ではなく、本来の呼び名であるプンムルノリ（風流遊び）と呼び、単にプンムル、プンムルクッともいっています。各地域によってウッタリプンムル、ヨンナムプンムル、ホナムプンムルなど、特色をもったプンムル（農楽）があらわれました。

プンムル（農楽）は李朝時代、朝鮮全土で広まり発展しました。春は豊作を祈願し、夏には収穫のための農作業を癒し、秋になれば収穫をお祝いする祭りのなかで伝えられてきたものです。

使われる楽器は、太鼓類のチャンゴ、プク、ソゴ、金属楽器のケリガリ、チン、管楽器のテピョンソなどです。チャンゴ（チャングとも言う）は日本の鼓を大きくしたような形で、松の木をくりぬいた胴の両面に動物の皮を張ったものです。演奏者はあぐらをかいて坐り、前に置いて演奏しますが、肩に担いで踊る時にも使います。プクは演奏者が座ったり、立ったり、肩にかついだりして演奏します。ソゴは小さな太鼓で手に持って踊りながらた叩きます。チンは真鍮で造られた大きな銅鑼です。先を布きれで巻いた撥で打ちます。リズムを演奏することはなく、演奏の開始に打たれます。

テピョンソ（ナルラリとも言う）は日本のチャルメラによく似たもので、木管楽器です。

プンムル（農楽）の醍醐味のひとつは、踊りを視覚的に美しくみせることです。例えば、頭にかぶった帽子の先に、十二歩幅もある長い白い紐をつけて、首のスナップを大きくきかせて振り回すヨルトウバルという踊りが演じられます。ソゴをたたきながら踊る姿はその軌跡が美しく、優美です。

現在においても農楽は、各地方の農村部に受け継がれていますし、都市部においても、鮮やかな衣裳を纏った農楽隊や音楽は祭りやイベントには欠かせないものとなっています。

プンムル（農楽）をもとにチン、ケンガリ、チャンゴ、プク、この四つの伝統楽器を用いて現代音楽として再生させたのが、「サムルノリ」です。一九六八年に民俗学者の沈雨晟が、演奏スタイルと名称を発案し、一九七〇年代から金徳洙（キム・ドクス）をリーダーとするサムルノリチームによって、舞台芸術として世界的に広められました。

◆実演：ハンマダン

・プンムル（農楽）、サムルノリの実演

（※ハンマダンは「一つの広場」という意味の団体で、農楽の指導や演奏、サムルノリの演奏を行っている。）

（二〇一〇年一月十三日）

【田囃子】〈講師：篠平和義ほか上今明田ばやし保存会会員〉

田の神様に奉納する芸能

農民が豊作を祈って、田の神「さんばいさん」に奉納する小笠原流上今明田ばやしは、二〇〇年以上も島根県浜田市三隅町井野地域に伝わる芸能です。私たちの集落は年々減少し、現在戸数四十戸、男性三十七人、女性五十人、あわせて八十七人で、十五歳未満は七人、俗にいう限界集落です。ただただひたすら奉納するという形で現在続いています。信仰と労働、芸能とが一体となったもので、民俗学的にも貴重なものです。

昔は、早乙女の田植えに合わせて囃していましたが、いつの頃からか上今明神明宮の夏祭りにあわせ、奉納されるようになりました。

一八〇〇年ごろ、時の庄屋が地元の蔵元に習得させ、地元民に伝えたのが始まりとされています。明治、大正、昭和と引き継がれ、戦後一時中断し、一九五〇年（昭和二十五）にはまた復活しましたが、社会情勢の変革により、衰えていきました。このまま放置したら大切な伝統行事がなくなってしまうということから、一九六一年（昭和三十六）に、集落の若手を中心に保存会を立ち上げ、上今明田ばやしを復活させました。現在は十歳から八十五歳まで保存会の会員は三十名です。平均年齢は六十一歳です。今後、いかに続けていくかは大きな課題です。

田囃子の道具

浴衣に赤と青のたすきをかけ、揃いの花笠をつけた男たちが、腰につけた大太鼓、小太鼓の拍子にあわせて打ちな

（図1）

がら、田歌を歌い囃してまわります（図1）。

「上今明田ばやし保存会」の幟は道中を先導して歩くときに使います。

房のついている梵天は、大太鼓と同じテンポでふりあげて進みます。

ひょっとこの面をかぶり、ささらのしゃらしゃらと擦る音にあわせて演技をします。

張子の牛は、田植え・農作業には欠かせない、かつては一家に一頭はいた牛です。この張子の牛、目も鼻もしっぽも動きます。前に一人、後ろに一人が入り演技をします。

拍子木、上今明では「かち」といっています。大太鼓と同じリズムで音を出し、大太鼓をリードする重要な役割があります。

大太鼓には胴頭、せき、の二つの役目があります。田植え歌に親歌と子歌がありまして、大太鼓のほうは親歌を歌います。

撥は、片房といって、片方だけに房の付いたものを撥として使います（図2）。

保存会では始めに、朝の一番という演目を、神棚の前に二列に並び、奉納田ばやしをやります。

しめ太鼓を私たち保存会では「やつ」といっています。各パターンの音程をとり、全体をリードする重要な役割を担っています。

◆実演：上今明田ばやし保存会
・総勢十七名による田囃子実演

（図2）

（二〇一〇年一月二十五日）

⑤朝鮮通信使と唐人踊り〜日韓（日朝）の交流〜

江戸時代、二〇〇年以上にわたって、日本と朝鮮の国と民俗は互いに交流していた。唐人踊りは、朝鮮通信使の往来により行われた文化交流の証《あかし》であり、現在にいたるまで伝承されている。

【朝鮮通信使と芸能】〈講師：仲尾宏（京都造形芸術大学客員教授）〉

外交使節団

江戸時代、外交使節団として朝鮮通信使が十二回やってきました。「鎖国」時代といわれていますが実はそうではありません。ヨーロッパとの関係ではオランダの商館長が長崎にいましたが、中国人は五〇〇〇人以上も常駐していました。

他方、対馬と朝鮮の間には密接な交易関係がありました。薩摩と琉球、松前藩とアイヌの交流など、四つの窓口が開いていました。キリスト教の禁令のための「鎖国」であって、アジア諸国との関係は「鎖国」ではなかったということです。

そのシンボルが朝鮮通信使の往来です。「通信」というのは、「信《よしみ》を通じる」という意味で、友好的な関係にあるという意味です。十五世紀のはじめに記録された「朝鮮王朝実録」にも訪日使節をそのように名付けています。

この通信使が一六〇七年（慶長十二）から一八一一年（文化八）の間に十二回、徳川政権の招きで訪れています。最初の三回は「回答使」と名乗りました。豊臣秀吉の文禄・慶長の役のあとの国交をどのように回復するか、十年ほどかかりましたが、徳川家康名義の謝罪の意味をこめた国書がソウルに送られます。回答国書を持った使節が一六〇七年に日本に送られてきました。

四回目からは信をかわす通信使、友好の意味をあらわす通信使として日本にやってきたわけです。不戦、対等、交易を目的にした使節団です。国書以外には贈答品のやりとりも行います。高麗人参、文房具類、織維などたくさんのものが贈られてきます。馬や鷹も生きたまま贈呈されました。日本からも銀やさまざまな工芸品、屏風絵などを贈りました。そういう関係は二〇〇年以上続きました。

通信使の通る道

第二回目と第十二回目をのぞき、使節団は江戸までやってきました。そのルートはソウルから釜山《プサン》、対馬にわたり、壱岐、玄界灘、当時は赤間関《あかまがせき》と呼ばれていた下関、瀬戸内海をめぐって大坂に。ここで上陸し、日本側の提供した豪華船で伏見の淀まできて、そこで船を捨て、江戸まで陸路をたどっていきます。これに要した日数は数ヵ月、長くて十ヵ月はかかりました。朝鮮の芸能はこの間に披露されたもので、行列は通信使一行が五〇〇名、それをサポートする日本人を含めると、約一五〇〇名以上にものぼる大行列が江戸まで往復しました。これを見物しようと、あちこちから人が集まってくるという状況が繰り広げられます。

（図１）「朝鮮通信使絵巻」より

通信使が伝えたものは、儒学、墨跡、絵画、書、医学、暦の知識（天文学）、そして音楽、芸能です。沿道各地で通信使が歌舞を行ったことが、日本で見聞したものを記録する「使行録《しこうろく》」に記されています。通信使が披露した歌や踊りは、それを見聞した日本人たちによって日本化されたものが、現在残っている「唐子踊り」や「唐人踊り」です。

行列の主役はもちろん「国書」ですが、その国書を江戸城の将軍に届けるための行列のなかに医者、画家、学者に交じって楽士がいました。ここ（図１）に描かれた一行のなかに楽士たちがいます。打楽器を持っている人、ほら貝、笛を吹いている人もいます。

通信使たちが行った歌舞を「使行録」の中から具体的に紹介してみましょう。

これは、一七一九年（享保四）、九回目に日本にやってきたとき、申維翰《シンユホン》の『海游録《かいゆうろく》』（姜在彦訳）に記された記録です。

対馬厳原の海岸で汐待ちをする一行の様子です。

すなわち降りて、峭壁の下の舟をつないだところに着いた。諸僚は石の上に足をのばして坐り、紅酒を酌み、楽工に鼓笛、篳篥を奏でさせ、唱歌相応じじ、両童子は華衫をひるがえし対舞していた。その舞は、官娃の態に似ている。座中みんな、楚奏の感がある。

俄かに倭の男女、老少、稚児数十人があらわれた。その容姿や服装はみすぼらしい。山の谷間から楽声を聞いて来り、崖頭に坐って俯視しながら、楽を歓ぶ。楽がおわると、群工が鼓を打ち、広大が語りをし、倡優が諸戯をなす。観る者たちまちにして大笑絶倒し、その響きは岸洞を沸すばかりである。倭通事の一人に茂助という者があり、朝鮮の歌を知っていると自称する。歌わせたところ、その音に断続あり、章を成さず、笑いはさらに笑いをよび、また一段と面白味を添える。

壱岐勝本では、対馬藩お抱えの学者松浦《まつうら》霞沼《かしょう》が、楽工の奏でる古琴《こきん》を楽しむ様子が記されています。

談が終って、行装のなかの紫火酒を出して酌み、密果をもって飲を佐《たす》けた。松浦はもともと酒を嗜むようだが、二盃を飲んでやめ、曰く、「朝鮮酒は、味がもっとも烈しく、酌をかさねることができない」と。ときに余の傍らに琴が立てかけてあった。松浦がそれを指して言うのに、「これは何物か」と。余曰く、「古琴である。その音色を聞きたいと思われるか」。松浦は言う、「とても聞きたいが、敢えて請うことはできない」と。余は楽工を呼んで一曲を奏でさせた。これに傾倒し、歓んで笑っていたが、その様子は、深くは理解できなかったようである。

次は大坂の河口から土佐堀川をゆく川御座船の船中での出来事を記したものです。

彩轎に国書を奉じて船内の正堂に安置し、楽工に奏楽を命じた。琴、笛、瑟、琶、鼓缶、篳篥をもって、法部の緩やかな音曲を奏でた。倭人の櫓手たちは、また棹歌を歌いだし、その声は激越にして清楚、あたかも我が国の禅家水陸会において若い僧が祝詞を高唱する如く、その声すこぶる爽快である。（図2）

次は、一七六四年（宝暦十四）、十一回目に日本にやってきたとき、金仁謙の『日東壮遊記』（高島淑郎訳）に記された記録です。

（壱岐勝本で）楽士を呼んで三絃を弾かせていると、見物人が大勢集まってくる　島主の書記平公謙が来訪したので会ってみると、歳はせいぜい二十前後、眉目秀麗、愛すべき人物と見、筆談して帰す。島主が歌舞を見たいというので　慶州の三絃楽士を送る。

（駿河吉原で）十八、十九日。やはり、出発できずこの地に留まる。二長老の弟子らと、大勢の倭の儒者が来訪し奏楽を聞かせてほしいという。晋州三絃を弾き、通引二人が対舞すると、彼らは大いに喜び、まさに今初めて、仙楽を聞いたようだという。

島主というのは平戸藩の藩主です。晋州三絃というのは、晋州《チンジュ》からきている楽士が弾く、玄琴《ヒョングム》、伽耶琴《カヤグム》、郷琵琶《ヒャンビワ》の三つの弦楽器です。（図3）

朝鮮通信使を取り入れた日本の祭礼

通信使のなかの楽士は、典楽二人、馬上鼓手、銅鼓手、細楽手、諍手、風楽手。吹手などの軍楽隊がいます。楽器は、玄琴（ヒョングム）、郷琵琶（ヒャンビワ）、螺角（ラカク）、喇叭（ナバル）、法螺（テピョウンソ）、太平簫（テピョウン）、立笛（ピリ）、鉦（チン）、太鼓（コンゴ）などが持ち込まれています。

（図2）「朝鮮通信使絵巻」より

（図3）「朝鮮通信使絵巻」より

江戸城までの道中、披露されたものがその土地土地の祭礼に取り入れられたものをみていきます。

①下関市安岡町脇浦に伝わったという記録がある踊り

これは市内の住吉神社や忌宮神社の祭礼に奉仕したものだといわれています。

②岡山県瀬戸内市の牛窓町にある素戔嗚尊を祀った疫神社《やくじんじゃ》に伝わっている唐人踊り

秋の祭礼に神事芸能として奉納される稚児舞です。通信使は往路帰路には必ず牛窓に立ち寄っていました。異国風の華やかな色彩の衣裳をつけた二人の小学校五～六年生の男の子が、対舞をして神社に奉納します。歌詞も残っています。「オーシュンデー」（よく来られました）、「ヒーヤ、イーヤ」の掛け声。舞の衣裳のひとつ、帽子をかぶりますがこの帽子は朝鮮の農民の帽子に似ています。衣裳も両班、貴族の武官の服に似ています。現在に至るまで唐子踊りとして伝承されています。江戸時代は外国人のことを東洋系と西洋系に分けていました。唐人というのは東洋系の外国人という意味で、唐人＝中国人ということではありません。この「唐子踊り」はあきらかに朝鮮通信使の影響と考えられています。現在もおこなわれています。（図4）

③大垣市竹鼻町の「大垣祭」の朝鮮山車と十六町《とろくまち》の豊作踊り

朝鮮王に見立てて踊りをやっていましたが、明治になって日本の神話に出てくる猿田彦という神様の踊りになりました。十数年前までやっていましたが現在は廃絶しています。十六町のほうでは朝鮮通信使の踊りを真似た踊りを豊作踊りとしてやっていました。一時中絶していましたが、毎年ではありませんが、数年おきに行われています。

④名古屋市東照宮（大和町、茶屋町）

『張州雑志』に楽隊の行列図の記録があります。大和町は総勢二十一人の楽隊、茶屋町は総勢十八人の楽隊が描かれています。

（図４）岡山県瀬戸内市牛窓町疫神社の「唐子踊り」

⑤津市分部《わけべ》神社（八幡神社）の唐人祭り

『津八幡祭礼絵巻』には唐人役十名、踊り手十八名が描かれています。戦災で手提げ太鼓、銅鑼、横笛などが焼失しましたが、復元され県指定の無形民俗文化財となっています。

⑥鈴鹿市東玉垣町牛頭天王社祭礼唐人踊り

牛頭天王社《ごずてんのうしゃ》に伝わっているものです。歌詞も残っています。来週、実演で紹介してもらいます。

⑦神奈川県二宮町国府祭り（旧塩梅村）の唐人（頭人）踊り

六所神社の記録によると、旧暦五月五日に各神社で行列を組み、「一宮　騎馬三十騎、二宮　唐人（頭人）行列、三宮　氏子二十八か村乱声」とあります。上官、中官、下官などの唐人（頭人）行列と朝鮮式の踊りです。「フワライポーン」の合図で手をまげ、指を屈伸し、何かを叩くような恰好をとります。

⑧江戸日吉神社山王祭りの唐人行列

斎藤月岑著『東都歳時記』（天保九年（一八三八）ごろ刊行）に記されています。これは、実際に行われた山王祭にでてくる朝鮮通信使行列を描いたものです。

⑨徳島の阿波踊りのなかの「長崎丸山拳相撲」の土俵担ぎ
長崎のお祭りのなかにも取り入れられている例です。

⑩京都北野天満宮の「唐人踊り」
『北野天満宮史料』「古記録、目代日記」に、文政三年（一八二〇）七月、右近の馬場で「唐人踊」が行われていた記事がでてきます。文政年間にはすでに朝鮮通信使は来なくなっていましたが、それでも異国情緒を好んで、根強く浸透していたことがわかります。

※参考文献　仲尾宏『朝鮮通信使―江戸日本の誠信外交―』（岩波新書）（二〇〇九年七月六日）

【唐人踊り】〈講師：和田佐喜男（唐人踊り保存会顧問）〉

唐人踊りのある祭り

日本に現存する「唐人踊り」は三ヵ所あります。岡山県瀬戸内市牛窓町の「唐子踊り」、三重県津市分部町の「唐人行列」そして、私たちが伝承している三重県鈴鹿市東玉垣町の「唐人踊り」です。（図1）

朝鮮通信使や琉球使節の行列の中の楽士や童の動きをイメージした「唐人踊り」を地元の祭礼の一部に取り入れたものです。異国情緒あふれる衣裳や楽器が使われます。

東玉垣町の「唐人踊り」は、牛頭天王社《ごずてんのうしゃ》に伝わる芸能です。「唐人踊り」の起源は諸説あるようですが、私たちの伝承する「唐人踊り」は、徳川時代の中ごろ、江戸へ出たこの地出身のブンヨムさんが伝えたと言われています。ブンヨムサンというのは、文右衛門さんのことでしょうか。

江戸へ出て成功していましたが、江戸で祭りの禁令が出たのを機に、江戸で流行っていた唐人おどりの衣裳や楽器などの道具をまとめて買い、生まれ故郷の鈴鹿の牛頭天王社に奉納したことが始まりだと語り伝えられています。祭りで使われている楽器のひとつに、約一尺〜一尺二寸、だいたい三〇センチあまりの、それほど大きくない太鼓がありますが、この胴の部分には「丙子文化十三年（一八一六）　奉納牛頭天王　正月吉日」、反対側には「江戸日本橋通り壹丁目　黒江屋内　谷利平治」と墨書されています。

ブンヨムさんの屋敷のあった場所も伝えられていますが、この伝承自体は定かではありません。

盛大な祭りでしたが、廃仏毀釈《はいぶつきしゃく》や戦争などの社会情勢の変化により、幾度か中断しましたが、一九六八年（昭和四十三）四月に復活しました。「唐人おどり保存会」を立ち上げ、現在に至っています。

一旦中断した祭りを復活させるのは、並々ならぬ努力と時間がかかります。町の先祖が江戸時代以前から信仰していた牛頭天王こと須佐之男命《すさのおのみこと》を祀ることは、京都の八坂神社と同じです。祇園祭が華やかなように、私たちの町がますます栄えるように、にぎやかな祭りにしたいというのがみんなの希望でした。獅子舞と唐人踊りを中心にしたお祭りでしたが、一九七三年（昭和四十八）には、お神輿の練り込みを加えたことで賑やかな祭りらしい祭りになりました。

牛頭天王社の祭礼は、もともと七月十四日が本祭りの日でしたが、この時期は農繁期にあたるため四月に変更されました。

この祭礼では、唐人踊りが単独で演じられるのではなく、獅子舞、お稚児さんの舞、御輿《みこし》、とともに唐人おどりが町内を練り行列をしながら、奉納します。（図2）

一九三八年（昭和十三）四月の記録には、「壹萬度、四神（朱雀・白虎・青龍玄武）、鉾、大禰宜、口取、御獅子、跡笛、太鼓、舞姫、笛、太鼓、御輿、御輿係、警護、台持、唐人、はやし連、屋形」と六十九名以上の人が連なり、行列をしていたことが記されています。

踊る唐人

子どもと獅子による軽妙な獅子舞のあと、「みちびき」と呼ばれている太鼓と横笛で演奏される音楽が始まります。先の開いた大きな喇叭《らっぱ》と軍扇《ぐんせん》、鉦を持った唐人踊りの踊り手三人が、どこからともなくあらわれ、唐人踊りが始まります。

唐人踊りの始まりを告げる口上は

長歳哉《ちょうせいや》　変わらで祭る弥都賀伎《みずがき》の　五穀成就《ごこくじょうじゅ》　踊る唐人。

口上のあと、太鼓のみの演奏で、雰囲気を高めていきます。

唐人踊りの唄とともに、「ショウガ」という独特の型で、飛びあがるような踊りから始まります。笛、太鼓、歌にあわせて、腰をかがめたり、力強く飛び上がったりする激しい独特の踊りです。これは、天上天下や四方を清める動作であると言われています。

腰をおとして手の甲をひねりあわせ、指はひね生姜のように握ります。おとした腰はしこを踏むような恰好で、力強く飛びあがります。これが基本の動作で、保存会では、ショウガの組手とチャリというユーモラスな表現を教えるところからはじめます。

お囃子の旋律や歌詞には朝鮮音楽のあとがみられるといわれています。踊りのなかには田植えのしぐさや稲を植えた田を見まわすしぐさ、「まま」（ごはん）をおなか一杯食べられることを願って、「まま」だらけになった口をぬぐっていると言い伝えられているしぐさがあり、農民たちの素朴な願いや喜びを表現していると思われます。踊りは七分程度、「みちびき」をいれても十五分くらいの出し物ですが、見守る町の人たちから大きな声援が飛び、祭りのなかでも人気の的となっています。

唐人踊りには、面、衣裳をはじめ、銅鑼、ラッパ、軍扇などの道具を用います。仮面をつけるのが特徴です。面をかければ神がかりしたことを意味し、神格化された唐人が踊ります（図3）。

古い唐人の面は、萬古朱泥《ばんこしゅでい》のような色合いでした。精巧な面が三面、東安寺に保管され額にして掛っていましたが、

（図1）

（図2）

（図3）

（図1）三重県鈴鹿市東玉垣町の「唐人踊り」
（図2）鈴鹿市東玉垣町「唐人踊り」の練り行列
（図3）鈴鹿市東玉垣町「唐人踊り」よりラッパや銅鑼を持つ唐人

いつの間にか、なくなってしまい現在は所在不明です。

◆実演：唐人踊り（唐人踊り保存会）

・総勢十八名による唐人踊り実演

東玉垣町　唐人踊りの唄　歌詞

オーイ　テンカンピーイニ　キョーランパー　ドッコイ　ジョウヤニ　ミモトォ　ハーハー
イーヤ　タイシャクパーアニ　スイシャクパー　ハイタカ　タツヤカ
ナンポニィ　ハーハー
オーイ　シィンク　クノエンツレバ　キーツヤカオモンパァ　ハーハー
イーヤ　ハラバ　カカヤカァ　ハーハー
鐘
オーイ　リンパーフキタカタチツレバ　チツルチツテンデ
イーヤ　テレハーローバ　エンパ　シドロン　ハーハー
鐘
オーイ　ニンツラ　シューオフ　ミメンタン　ドッコイ
テンデガ　モモショカ　タイミメン　ドッコイ
ソーシガ　コロコロ　ジンパァーッパー
鐘

※参考文献　和田佐喜男『唐人踊りのしおり』
（二〇〇九年六月二十九日）

（2）音は伝える

アジアのなかで生まれ育った日本の芸能は、アジア諸国の芸能から何を受容し、何を変え、何を捨てたのか。日本の楽器と思われている箏（琴）、琵琶、胡弓、三味線、これらはいずれも外来楽器である。日本起源のものはほとんどない。日本の音をアジアの視点でとらえると日本人の本質がみえてくる。

①和琴〈講師：木戸敏郎（京都造形芸術大学教授）〉

日本には唯一日本起源の楽器がある。それが和琴《わごん》である。和琴の特徴を理解するために、渡来楽器である雅楽の箏《そう》、楽箏《がくそう》と比較する。

日本起源の楽器

楽器は音楽の道具ですが、音楽と楽器は性根が違います。音楽は土着性、民族性の強い性格がありますが、楽器は道具で簡単に移動することができて国際的な性格があります。世界の音楽は国際的な楽器を民族性に合わせて演奏しているという傾向があります。例えば、西洋のオーケストラで使われている楽器にヨーロッパ起源の楽器は一つもなく、他所から入ってきた楽器をヨーロッパ人の都合のよいように改良したものです。日本でも事情は似ています。日本の楽器と考えられている箏《そう》や三味線、尺八なども元を正せば外来楽器で、これを日本人が都合のよいように使っているのです。

しかし、日本にはたった一つだけ日本起源の楽器があります。それが和琴です。日本起源の和琴を「わごん」と音読みするのは変ですが、これは江戸時代に音読みすると高級感があるような流行があった名残りで、本来は「やまとごと」と呼ぶべきです。唐琴《からごと》と区別した名称です。

和琴は御神楽《みかぐら》、東遊《あずまあそ》び、和舞《やまとまい》などの国ぶりの歌舞で演奏されています。これらはすべて神道に関わりがあり、このことが和琴の由来を物語っています。考古学的には古墳時代の遺跡から多く発掘されており、その祖形と考えられるものが縄文時代の遺跡から若干出土していますから、数千年前から日本で演奏されていた国ぶりの楽器であることがわかります。

和琴の構造は、六絃のツィター属の弦楽器です。桐材をU字型にくりぬいて裏板を貼った響鳴胴は、尾部に櫛形の突起を六つ備えていて、頭部から掛けた絃をいったん紐に結んで紐で櫛形に締めます。

絃は絹糸で六絃、柱《じ》を立てて調律します。この柱は音階順に並んでいるのではなく、ランダムにちょうどパソコンのキーボードのように指勝手に並んでいます。

実は和琴の演奏は夜、真っ暗闇のなかで手さぐりで演奏されました。神道行事は夜の暗闇のなかでおこなわれたからです。真っ暗では音階順に並んだ絃の音を撰びながら拾うことはできません。調律はまず、ひとつの柱《じ》を立てて一つの音をつくり、次にその音を基音にした自然倍音で二つ目の柱を立てて音を作り、この手順で順次柱を立てて六弦を調律します。演奏は安座を組んだ左足に琴の頭部を乗せて右手に琴軋《ことさき》と呼ばれる水牛の角で作ったピックのようなものをもって六絃をまとめて前方から手前へ弾くのを順掻き、逆に弾くのを逆掻きといいます。

柱《じ》で二分割された絃の尾の部分は紐が響き止めの役割を果たします。この紐は、当初は柔らかい桐の胴の櫛形を細い絹糸が傷つけないために養生するための工夫だったと思われます。のちにダンパーの役割を果たすようになったと考えられます。これで尾の部分が共振する余計な音は消されて頭の部分の自然倍音だけが共鳴しますから全体では美しい自然倍音律の関係が成立します。その状態を神が乗り移っている依代《よりしろ》とみなしていたようです。

右手で六弦を掻き鳴らしてそのあとで左手の指で絃を押えて余韻を止めていますが、人間の指は五本、絃は六本で一弦だけ止められない余韻が残るわけで、この一本の音が神託とかかわりがあったのではないかと思います。左手だけの演奏は指が当たった順に弾いて残った絃は小指でなでながら弾いてゆくと旋律らしいものがあらわれますが、これは副次的な演奏だったのではないかと思います。

和琴を演奏する際、演奏にかかわる人たちは「わごん」とはいわず「みこと―御琴」といいます。楽器に「御」をつけるのは和琴だけです。調律が整った状態を神が宿った状態とみなしていたからでしょう。古い文献に琴の音から神託を伺ったといった記述があります。

例えば『古事記』にでてくる「天皇御琴《みこと》を控《ひ》かして、建内宿禰《たけのうちのすくね》の大臣沙庭《さにわ》に居て神の命《みこと》を請《こ》ひき」というものです。自然倍音のコード進行の音を言葉に聞きなしていたのでしょう。

鋭敏な感覚は音を言葉に聞きなします。うぐいすの鳴き声を「ホウホケキョ」（法華経）と聞きなしました。楽器の名称のコト（琴）と言葉のコトは語源が共通してのではないかと思います。

御神楽《みかぐら》や東遊びで和琴は歌といっしょに演奏していますが、和琴は歌を伴奏しているのではありません。歌をうたいやすいように脇で音を聞かせているのです。ちょうど能の囃子が謡《うたい》を助けるために拍子をつけているようなものです。現在では形式化、パターン化していますが、本来はコトの音を聴いて閃いてコトバに聞きなしウタを作ったものと考えられます。楽器にしても同じような形骸化がみられます。柱《じ》は楓《かえで》の二股になった部分を切り取って逆に立てた、いかにも古代風のものですが、平城宮跡から発掘された柱は三角形の木製の素朴なものです。室町時代ごろに古風を装って擬古的にデザインしたものではないかと思います。千数百年の伝承の経緯で魔滅損傷した部分を修正的に考証すると、和琴は楽器にして楽器ではない。世界に類のない貴重な伝承であることがわかります。

外来楽器の楽箏

ワゴン（和琴）と対比する意味で箏について説明しましょう。楽箏は雅楽の箏や邦楽の箏などいろいろありますが、ここでは雅楽の箏を取り上げます。邦楽の箏と区別して楽箏《がくそう》と呼ばれています。

正倉院に伝えられている箏がそのもっとも古い例です。ばらばらに壊れていて残材が三分の一くらいしか残っていませんが、構造はよくわかります。外見は現行のものとほとんど同じですが、構造的には現行のものが桐の丸太のくりぬきであるのに対し、正倉院のものは板を寄せ集めた箱造りです。これは中国の箏の作りと同じで箏がもともとは中国伝来の外来楽器であった証拠です。中国の箏は現行のものも箱造りです。

絃は中国ではいまでは金属絃に変わってしまいますが、日本の楽箏は絹糸で古制のままです。十三絃のツイター属の絃楽器で柱《じ》を立てて調律します。

柱を音階順に整然と立てて必要な音を拾って右手の指に爪をはめて絃を弾き、左手は素手で必要に応じて絃を押してピッチを半音高くします。すなわち雅楽には厳然とした音楽理論があって、楽箏は必要な音をすべて作ることができる仕組みになっています。

しかしながら、楽箏は楽曲の主旋律演奏しません。主旋律はもっぱら管楽器にまかせて箏は琵琶といっしょに拍子を作る役割にまわっています。特に琵琶は全く旋律を弾かず四絃をまとめて、まるで和琴の順掻きのようにアルペジオ風に演奏し、その名称も掻くといいます。箏は和琴の左手の旋律を模して弾きます。

雅楽を初めて聞く人はこの幼稚っぽい演奏におかしさを感じているようです。この不思議な演奏を理解するには雅楽がどんな局面で演奏されていたかを知れば理解できます。雅楽の管弦は御遊《ぎょゆう》のための音楽でした。

御遊は天皇が中心になって雅楽を奏して天の音を地に伝達する行事でした。天の音は四季によって変わります。その音を天皇は琵琶で伝達し、大臣は箏、納言は管、楽人は打で敷衍した天の音を地に広める行事でした。天皇のおこなうべき大事な仕事でしたが孝明天皇（一八三一～六六）を最後にして、皇室が東京へ移ってからは廃絶しました。

もうおわかりかもしれません。御遊は国ぶりの御神楽を外来楽でトランスフォーメーション（変換）したものです。

和琴の右手を琵琶が、左手を箏が代行しているのです。しかしながら、楽曲は唐楽の既存曲を演奏していますから篳篥《ひちりき》や龍笛《りゅうてき》のメロディにかみあった拍子を刻んでゆきます。この点では和琴のウタにかかわる関係とはまったく違います。

◆実演：平安雅楽会（和琴 今村三郎・楽箏 稲川晶実）

・解説にあわせて、和琴、楽箏の調律のしかた、順掻き、逆掻き、御神楽における和琴の役割、雅楽における楽箏の役割などを実演。

※参考文献　木戸敏郎『若き古代―日本文化再発見試論』（春秋社）

（二〇一四年四月二一日）

②伽耶琴〈講師：金海淑《キムヘスク》（伽耶琴演奏者・韓国芸術綜合学校教授）〉

伽耶琴《カヤグム》は、伽耶の琴、韓国の代表的な弦楽器である。

三世紀には存在した伽耶琴

韓国の代表的な弦楽器である伽耶琴は、長い長方形型の桐でできた本体の上に十二本の絹の絃が張られた形態です。韓国の伽耶琴は中国楽部の琴に由来し、六世紀中ごろ、朝鮮半島の南方にあった伽耶国の嘉實王《かしるわん》がこの楽器を見て造られたものと『三国史記』は伝えています。

二六二年から二八四年と推定される慶州皇南道古墳から出土した首の長い、長頸壺という壺に、弦楽器を手にする土偶が装飾されていました。この楽器は今日の伽耶琴と似たような形態です。三世紀にはすでに伽耶琴は朝鮮半島に存在していたことがわかります。

嘉實王は伽耶琴演奏者の于勒《うるく》に十二曲つくらせますが、于勒は、五六二年伽耶国滅亡とともに、伽耶琴を携え、弟子尼文《いぶん》と新羅《しんら》に亡命します。『三国史記』によれば、新羅の真興王《ちぬわん》は、彼を新羅に迎え入れ、朝鮮半島の中部に位置した国原《くぐぉん》、現在の忠州地方です。そこに住まいを調えてやり、当時、新羅の官僚だった法知《ぽぷち》、階古《けご》、萬徳《まんどく》に音楽を習わせました。于勒は彼らに歌、舞、伽耶琴を教え、当時の民謡を土台にした十二曲を作曲し、弟子たちに教えました。

彼らはこれらの音楽を学んだのち、新羅人の情緒に合うように改作し、ついには新羅の大楽《てあく》、宮中音楽に選ばれ、新羅に本格的に広まり始めました。

高麗《こりょ》が九三六年に朝鮮半島を統一すると、新羅の伝統を受け継いで、高麗の宮中音楽にも伽耶琴は重要な楽器として使用されました。中国の琴を改良した玄琴《コンゴム》、五弦琵琶の郷琵琶《ヒャンピパ》とともに、新羅の三絃、三大弦楽器に加えられた伽耶琴は、宮中の祝宴で歌と舞の伴奏をおこないました。

玄琴は『三国史記』によると、中国から贈られた七絃琴を、高句麗の当時第二宰相だった王山岳と言う人物が改良をほどこしたものです。

横幅が狭く縦長の長方形の桐の共鳴筒の上に、絹の六本の弦を張った楽器で、右手は細い竹で作られたスルテという棒を持ち、弾いたり強く打ち下ろしたりし、左手は指で柱《じ》を押さえ音程を調節します。

伽耶琴は、長方形の桐木の共鳴筒の上に絹製の十二本の弦を張り、右手の指で弦を弾いたり、つかみ離すなどして多様な音色を出し、左手の指は弦の反対側を抑えたり、引いたいりして音程を整えます。

文人がめでた伽耶琴

高麗時代、伽耶琴は宮中だけでなく、民間にも広がりました。主に学徳を備えた士人《そんび》や官僚階級でした。特に、高麗時代の文人たちが詠んだ詩には伽耶琴の姿かたちを描写したり、演奏の感想を表現したものが多くあります。

李奎報（イ・ギュホ）の「伽耶琴が風に自然と響いた」という詩文を紹介します。李奎報は政治家で学者。詩文に長けた高麗一大の文豪です。

伽耶琴を北側の部屋の前においておいたところ
風が通り過ぎると　自然と音を出す
じっと静かななかで聞いてみると
かすかに天の風の音
私は今　昔の曲譜を忘れ
ただ絃を弄び　音を出す事だけを知っていた
風がやはり私の妄念に気づき
むなしく調子はずれの音をつまびく

伽耶琴が文人たちの風流楽器としてリードしていたことがわかります。

朝鮮時代（一三九二〜一九一〇）になると、宮中音楽は、中国の雅楽や唐楽と朝鮮固有の伝来音楽である郷楽《ヒャンアク》に区別されますが、伽耶琴は郷楽の演奏に使われました。宮中はもとより、文人や芸妓たちによって好んで演奏されました。

朝鮮時代、伽耶琴は数々の文献、儀礼の手本を示した資料、風俗画などに記録されています。これらの資料から伽耶琴の形態上の特徴を推察することができます。

なかでも十五世紀の文献『楽学軌範《がくがくきはん》』は伽耶琴の形態をもっとも詳細に記録しています。一四九三年に王命によって作成された楽典です。歌詞がハングル文字で掲載され、宮中音楽はもちろん唐楽、郷楽に関する理論と仕組み、方式などを図解入りで説明しています。

具体的には伽耶琴の外形、仕組み、楽調、調弦法、演奏法、記譜法など総体的に記録され、伽耶琴のすべてを把握することができます。

朝鮮時代末期、一九〇八年ごろに芸妓が演奏する妓楽独奏曲である散調が新たに創られました。散調というのは伽耶琴や中国琴を改良して発明した玄琴などの独奏曲形式のひとつで、ゆるやかに始まり段々早いテンポに移るというものです。そのために作られたのが散調伽耶琴です。

それまでの伽耶琴から伽耶琴の絹の絃をまとめて結ぶ羊耳頭《やんいどう》を取り去り、早いテンポの演奏にあうようにサイズを小さくしたものです。

散調伽耶琴は散調の独創以外にも、民謡や歌の伴奏、創作音楽にも幅広く使われてきました。

現在、伽耶琴は、伝統音楽を演奏する正楽伽耶琴（風流伽耶琴とも）と民俗音楽を演奏する散調伽耶琴の二種類があります。

◆実演：金海淑

・「散調伽耶琴」の演奏。韓国の散調伽耶琴と日本の箏の合奏で「アリラン」「花は咲く」の演奏。

（二〇一四年四月二十八日）

③箏〈講師：大木冨志（箏演奏家・一般社団法人京都當道会副会長）〉

正倉院には、箱型寄木細工の楽箏が所蔵されている。中国から楽箏が日本に入ってくると、箱型だった胴がいつの間にかくり抜きになる。中国も韓国も箱型の胴であるのに対し、日本の箏は、外見は箱型になっているが、U字型にくり抜いて裏板を貼るように改良される。これは和琴と同じ形態である、日本人が古くから持っていた和琴の音を大切にしたためであろう。現在、使用されている日本の箏は、日本起源の楽器が持っていた音を捨てることなく、外来の楽箏を受け入れて改良した箏と同じ系譜の楽器である。

日本独特の音階を作った人

安土・桃山時代に、北九州久留米で僧侶の賢順（一五七四～一六三六）が、中国在来の独奏箏曲、雅楽の箏曲をまとめて筑紫流箏曲を作り、「筑紫箏《つくしごと》」が起こりました。

平安時代末期から室町時代までの歴史的な記録は明らかではありませんが、平家が没落し、平家の残党が九州までいった。落人部落が明治に至るまで存在しましたので、おそらく平家の残党が、北九州に持ち込んだのがはじまりではないでしょうか。

この筑紫箏が江戸時代の八橋検校《けんぎょう》につながっていきます。

八橋検校（一六一四～一六八五）は筑紫箏を基本として、楽器としての箏および箏曲の基礎を大成，日本人独特の音階の元を作った人です。演奏家であり作曲家です。

生まれながらの盲人で、成人前に江戸へ出て、筑紫流箏曲を習います。

八橋検校作曲とされる「六段の調べ」は日本人の持つ体に、心にしみわたる箏曲のひとつです。

「六段の調べ」の六段の構成は起承転結が完結で、日本人の精神風土によくあっています。この音階と弾きぶりを完成させるために、盲人でありながら、京都から北九州に三度も通っています。箏曲の基を納得がいくまで何度も聞きに行きました。二十三歳から七十一歳まで京都に住み、箏曲一途に作曲に励みます。

八橋検校は生きて流派を立てませんでした。歴史上の人物でありながら肖像画はありませんが、メロディだけが残っています。

永遠の音階

この音楽がすたれず、今日まで存在しているのは、八橋検校が基本の音楽として音質を作りあげたからです。中国から渡来した雅楽は律音階の音階ですから、雅楽で使用する楽箏の調弦も当然律音階であり、筑紫箏もその系統でありました。雅楽調であった筑紫箏の調弦から、半音を含む陰旋法の音階「平調子」を作り、箏曲に用いられる調弦、永遠の日本純粋の音階を設定しました。これ以後四世紀もの間、この音階をこえるものはできていません。日本人の気持ちはここに落ち着いています。

その音階を作っただけでなく同時に、弾き方を考えました。従来の伴奏楽器ではなく、箏を独奏楽器としてとらえなおします。

箏絃の十三本にちなんで歌曲として十三の組歌《くみうた》を、器楽曲として三つの段物を制定します。組歌というのは、箏の伴奏による歌曲です。段物というのは、歌をともなわない箏のみの器楽曲です。一曲が数段からなっているので、段物です。

楽式の定型化を図り、現在の箏の基礎を作り上げたのが、八橋検校です。

儀式として雅楽の伴奏、舞楽をセレモニーとして演奏してきた箏は、庶民の楽器として普及していきます。

現在ある生田流は生田検校が、山田流は山田検校が始めた流派ですが、いずれも八橋検校が原型となっています。

上流階級の婦女子の教養になっていきました。

雅楽の「楽箏」に対し、江戸時代の「箏曲」は「俗箏」（ぞくそう又はぞくごと）と呼びます。「琴」の文字をよく使いますが、もともとは「箏」という字が当てられていました。伝統音楽の世界では、本来の表記で「箏」を用いています。

箏は桐が多く使われ、絹の絃は十三絃です。各部の名称は、龍舌《りゅうぜつ》、龍額《りゅうがく》、龍角《りゅうかく》、龍甲《りゅうこう》など、磯に横たわる龍に見立ててつけられていますが、これは楽箏の名称を踏襲しています。琴柱《ことじ》は象牙を最高としていますが、近年、代用としてプラスチック、セラミックなどが使われます。演奏の時は、右手の親指、人差し指、中指に箏爪《ことづめ》を付けます。

「当道」の世界

「当道《とうどう》」というのは、江戸時代に成立した、目の不自由な人々の団体の名称です。盲人の官位をつかさどり、琵琶・三弦・箏《そう》・鍼灸《しんきゅう》などの職業を専有し、保護した幕府公認の組織です。

鎌倉時代に『平家物語』を語る琵琶法師たちが権利確保のためにつくった座が母胎となっています。そのため、室町時代以降の日本の伝統音楽とつながりが深い組織です。

「当道」の起源ですが、江戸時代の『當道要集《とうどうようしゅう》』などによると、天皇家第五十四代仁明天皇の第四皇子である人康《さねやす》親王が二十歳のとき、病で失明し、親王の号を返上して仏門に入りました。このお方が、「当道」の祖とされています。目の不自由な人びとを「是我当道」といって、世の目の不自由な人々に庇護を加えられた。「当道」というのは我が道という意味です。

人康親王のお兄さんが、百人一首にもある「君がため　春の野に出でて　若菜摘む我が衣手に　雪は降りつつ」を詠まれた第五十八代光孝天皇です。

宮の御家領からの貢米は全部残らず、目の不自由な人々に分かち、宮逝去後も「当道」へ下されました。宮の母上が亡くなった宮の追善に、盲人役職の最高位である検校《けんぎょう》の官位を天皇に願い出て許されました。後に目の不自由な人達の官位の制として「四官十六階七十三刻《よんかんじゅうろっかいななじゅうさんきざみ》」ができました。「当道」の源は、人康親王にあると伝えられています。

南北朝時代に、平家琵琶の明石覚一（一二九九〔正安元〕～一三七一〔応安四〕）初代総検校らによって「当道」は確立されたと考えられています。

江戸時代には、幕府の保護のもと、当道に強力な自治権が与えられ、その組織も大きく整えられました。『當道式目』には惣検校以下、検校・別当《べっとう》・勾当《こうとう》・座頭《ざとう》の四官の階層をはじめとする「四官十六階七十三刻」の詳細がきちんとしるされています。

箏曲・三弦・鍼灸・按摩など広範囲にわたるのは江戸時代に入ってからのことです。

「当道」の最高責任者職の検校が政務を執るのが、当道職屋敷《とうどうしょくやしき》です。室町時代初期に成立しました。京都の職屋敷は下京区仏光寺東洞院にありました。技芸試験をはじめ、裁判もおこなうなど、職屋敷を通じて全国の目の不自由な人々を支配しました。治外法権的な自治権をもっていたようです。最高責任者職の惣検校は、十万石の大名に匹敵する格式だったといいます。

一八七二年（明治四）、維新政府によって盲官廃止令が出されるまで「当道」は機能しました。

現在の京都當道会は、「当道」が廃止されたあと、京都で活躍した当時の地歌、箏曲家である有力検校が私財をなげうって得た場所、上京区出水通室町近衛町に再興したものを受け継いでいます。

◆**実演：一般社団法人京都當道会会員**

・順掻、逆掻、早掻《はやがき》、閑掻《しずがき》などの奏法。名曲「六段の調べ」。京都にのみ伝承されている柳川三味線との合奏による地歌「石橋」

（二〇一四年五月十二日）

④胡弓と二胡〈講師：茂手木潔子（上越教育大学名誉教授）〉

胡弓《こきゅう》は日本の伝統音楽の楽器の中で、唯一の擦弦楽器《さつげんがっき》である。日本の楽器はいかにアジアと関わっているのかを日本の胡弓、中国の二胡《にこ》をとおして学ぶ。

胡弓発生の諸説

胡弓は弦楽器で、地歌や箏曲の世界で江戸中期から後期にかけて、単独ではなく合奏用の楽器として活躍しました。日本の胡弓は三味線を小型にした形で、馬尾の弓で絃を擦って音を出し、哀愁を帯びた音色が特色です。

日本の胡弓が文献に現われるのは江戸時代初期ですが、胡弓の成立にはいくつかの説があります。

一つ目は、琉球の楽器を改良したという説。江戸時代に書かれた、箏、三味線、尺八等に関する最古の文献『糸竹《しちく》初心集《しょしんしゅう》』（一六六四年刊）の中に、日本の胡弓のルーツについて次の記述があります。三味線組歌の祖とされる石村検校という琵琶法師が琉球で擦弦楽器「小弓」に出会った。この島には蛇が多く、ラヘイカというものがマムシをよく食べるそうで、このラヘイカの鳴く声が胡弓に似ていて胡弓を弾くと蛇が逃げていく、という話です。この記述は胡弓の沖縄伝来説に引用されます。

次は、ヨーロッパのレベク（rebec）という楽器から来た説です。これは、デイヴィッド・ウオーターハウス（David

Waterhouse）の説で、日本の胡弓は東アジアの弓奏楽器とはあまりにも多くの違いがあり、キリスト教の宣教師が持ち込んだのではないか、あるいは三味線から来ているのではないかという説です。

三つ目はタイにある楽器にルーツを求める説です。音楽学者の徳丸吉彦氏の説で、タイのソーサムサイという楽器が琉球経由で日本の胡弓になったのではないかというものです。

胡弓の形や構造の変化

ここで、浮世絵の中に描かれている胡弓を見てみましょう。一番古い資料である一六九〇年の『人倫訓蒙図彙《じんりんきんもうずい》』には立ったまま胡弓を弾いている絵があります。渓斎英泉《けいさいえいせん》の描いた「浮世美人見立三曲」という浮世絵にも、胡弓のタプタプした弓の絵が描かれています。三代豊国の描いた「奥御殿遊楽の図」には三曲合奏が描かれています。葛飾北斎が一八二二年「馬尽し　馬のす」に描いた胡弓は丸型の胡弓で、しかも駒が下にあります。北斎は実証的に描く浮世絵師として有名です。これらの図から、胡弓の形や駒の位置も時代によって変化してきたことがわかります。いつから駒が上になったのかは定かではありませんが、北斎の絵に従えば、初期の胡弓の駒は胴の上の方に設置され、また丸型だったのでしょうか。

日本の胡弓はどこから来たのか

世界に目をむけると、構造的特徴として胡弓は大きく二種類に分類できます。中子先《なかごさき》という胡弓の胴を貫いて突きでている部分が、あるか、ないかの二種類です。インド、モンゴルの胡弓には中子先にあたる部分がなく、カンボジア、中国、ジャワ、タイ、琉球、日本には中子先があります。

日本の胡弓と中国の二胡は同じ弓奏楽器ですが、演奏法や目指す音色はかなり違います。日本の胡弓は、弾く時にこの中子先を膝の間にはさんで、弓は並行に弾いて楽器を回転させて演奏します。

参考までに、琉球の胡弓（図1）は丸型でかなり長い中子先で、ニシキヘビの皮がはられているのに対し、現在の日本の胡弓（図2）はほぼ四角で、猫の革を張っています。弓はどちらも馬の尻尾です。

中国の二胡（図3）は六角形のものが主流ですが、昔は丸型のものもありました。丸型は京劇の演奏で使われたのでしょうか。琉球と同じく、ニシキヘビの皮が張られています。二胡の一番の特徴は弓が弦の間に入り込んでいることです（図4）。ですから、日本の胡弓のように楽器を動かさなくてもいい。一方、日本の胡弓では、弓と楽器が別々です。もし、日本の胡弓が中国から来たとすれば、日本の弾き方とこれほどの違いはないはずです。それで、中国伝来説は考えられないというのが胡弓研究家の一致した意見です。

さらに、音色にも大きな違いがあります。日本の胡弓は擦れた音色で、ギーギー擦る音など効果音的な音色も積極的に採用しますから、西洋の美しい音に慣れている人には敬遠されがちな音です。下から上に擦り上げるポルタメントという奏法で情緒を奏で、箏につかずはなれず、拍子にハマらず、自由なリズムで演奏します。日本音楽のなかでは特異な存在の楽器です。

これに対し、二胡は雑音が少なく、クリアな音色です。拍節やリズムもはっきりしていて、軽快な音程と拍節的な演奏が特徴的です。

この音色の違いには、環境や言語の違いが反映していると考えられます。胡弓が猫革で二胡が蛇皮という違いも音色の違いを生み出します。日本の胡弓が湿気を伴った音色を求めたためか猫革を採用したのに対し、中国の二胡が蛇皮を採用したのは乾燥した土地柄によるものでしょう。また、二胡は騎馬民族的な躍動感のある音楽で、中国語のイントネーションを反映したような旋律にもなっています。

このように胡弓を二胡と比較してわかることは、構造、求める音色の点で、両者の違いが非常に大きいということ。

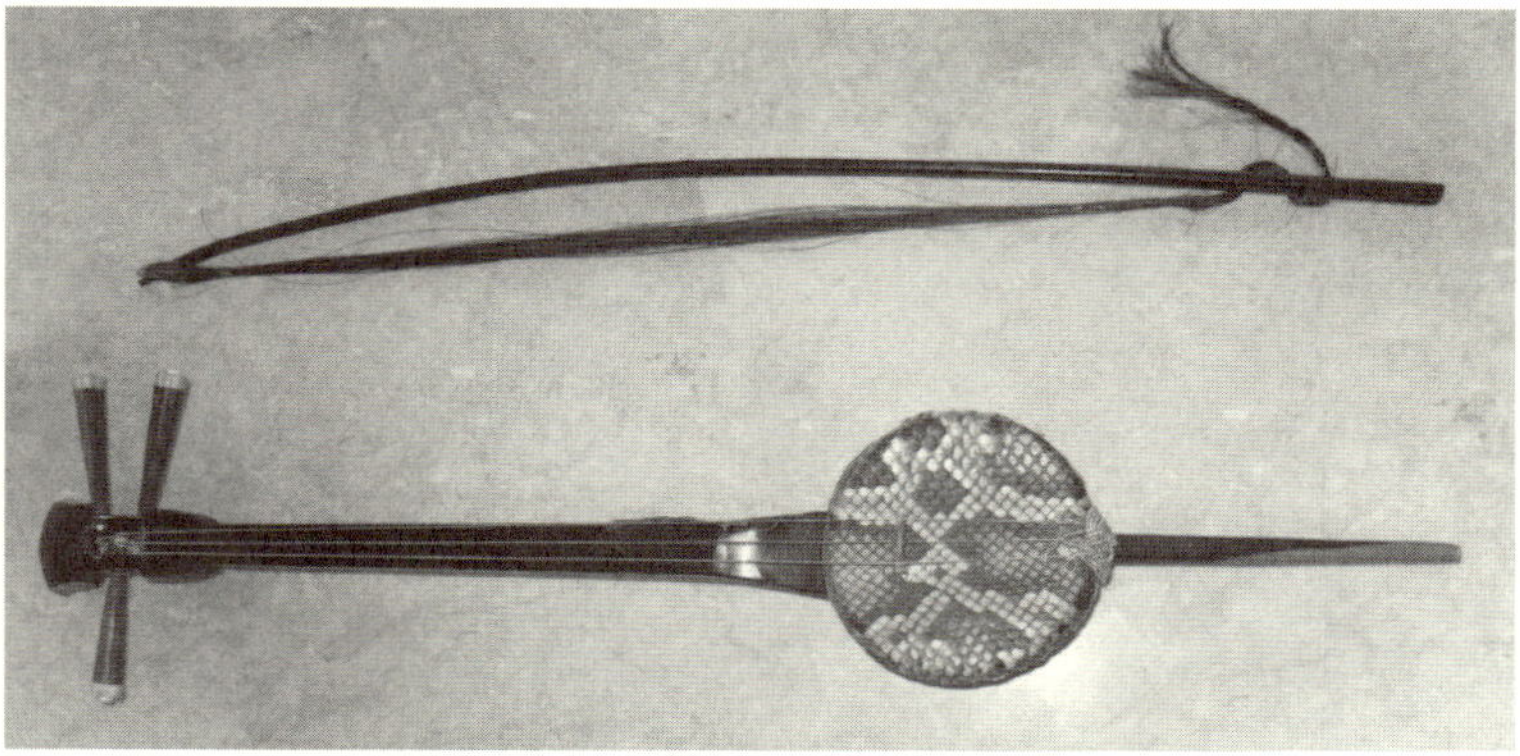

（図１）琉球の胡弓（撮影：茂手木潔子）

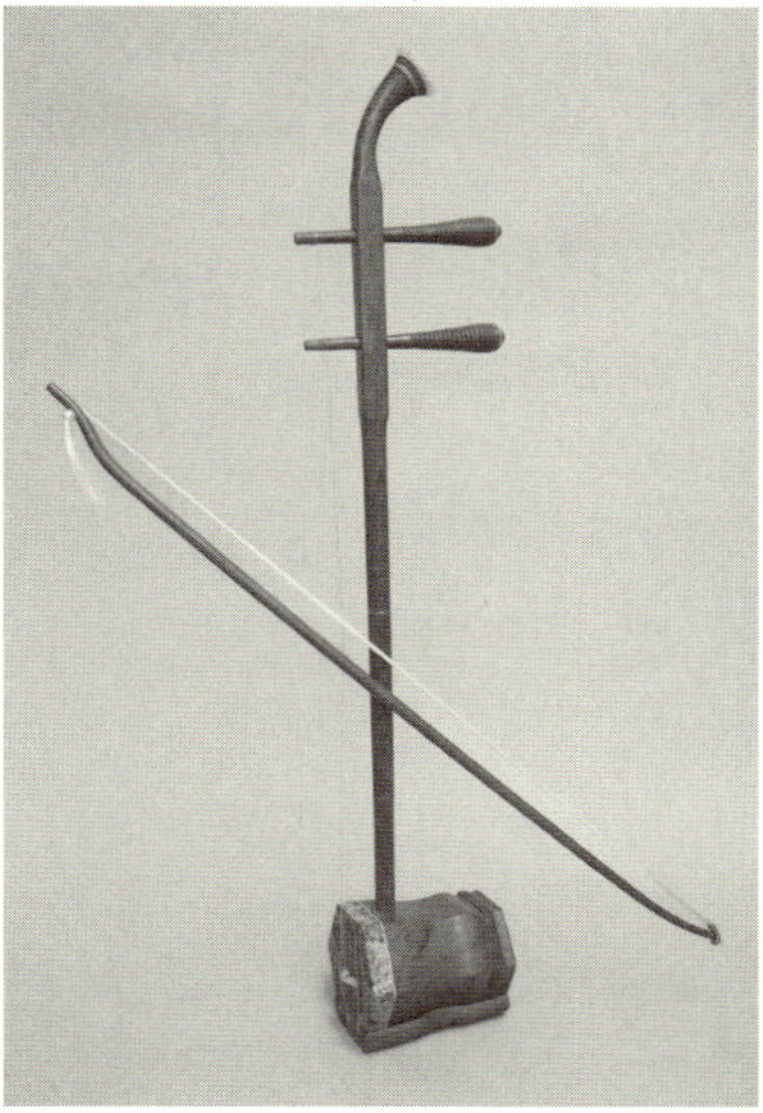

（図３）中国の二胡（撮影：藤倉明治）

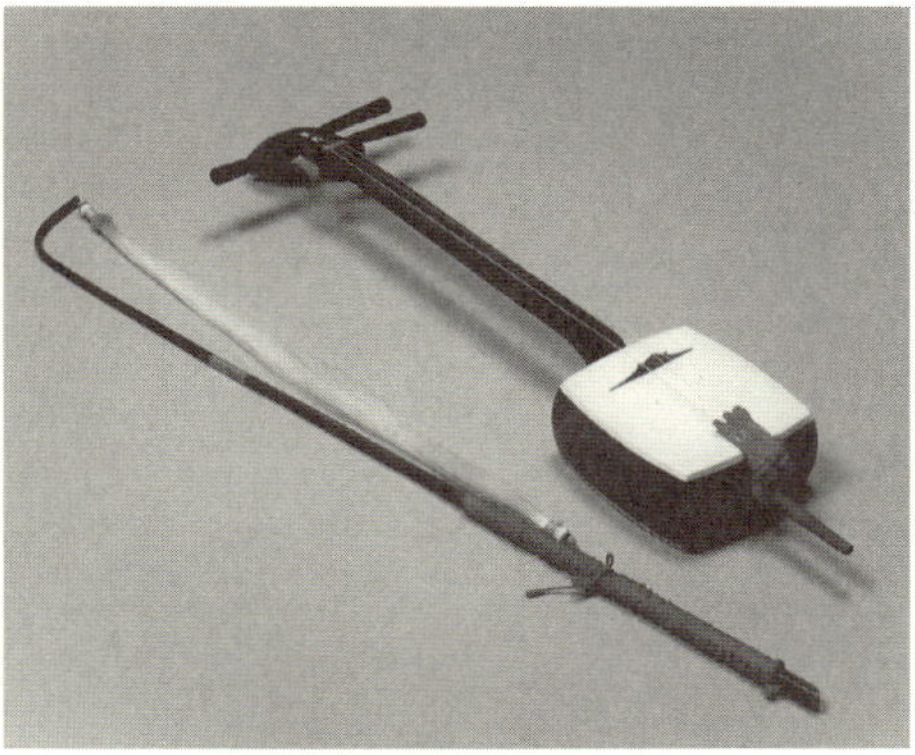

（図２）日本の胡弓（撮影：青木信二）

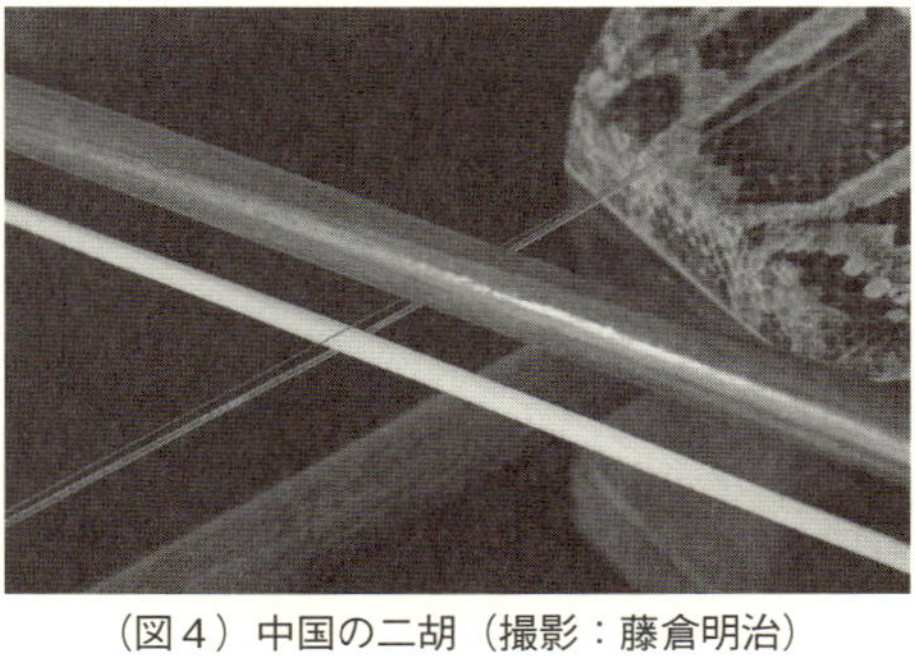

（図４）中国の二胡（撮影：藤倉明治）

日本の胡弓の構造も音色も、むしろタイやインドネシアの擦弦楽器に似ているということです。

ここまでの話から、胡弓はタイ、インドネシアを経由して日本に入ってきたと考えられますが、その前には、ヨーロッパからタイやインドネシアに入った可能性もありそうです。

（※註）記述では、革、皮の二種類の文字を用いています。皮はなめす前の状態、革はなめしたあとの状態として用いていますので、蛇皮は「皮」、猫は「革」と表記しています。

◆実演：木場大輔（胡弓演奏者）／鳴尾牧子（二胡演奏者）

・日本の胡弓と中国の二胡の実演を通して、楽器構造、演奏法、旋律や音階などの違いを確認。茂手木先生の解説を受け、国の違いが生み出した楽器とその表現方法を知るために、胡弓と二胡の演目の比較を通して聞き分ける。

演奏曲目

胡弓の演奏曲目　「越中おわら節」（富山県民謡）、「鶴の巣籠」（名古屋系胡弓本曲）、「阿古屋琴責」（胡弓の部分）

二胡の演奏曲目　「行街」、「江河水」、「賽馬」、「空山鳥語」「二泉映月」（二泉琴による演奏）

曲目解説（胡弓の解説は茂手木潔子、二胡の解説は鳴尾牧子）

「越中おわら節」（富山県民謡）

毎年九月一日から三日まで富山県八尾市の盆行事「風の盆」で演奏される音楽で、唄、胡弓、三味線の編成で市中を歌い流す情緒豊かな曲である。高音域で息長く歌い上げる声に添う胡弓の憂いに満ちた音色が、盆踊りの魅力を高めている。毎年、全国から何万人もの観光客が訪れる。

「鶴の巣籠」（名古屋系胡弓本曲）

天保年間（一八三〇～四四）に大坂の厳得が尺八曲から移した作品といわれる。本曲とは、その楽器本来の曲、その楽器のために作曲された曲の意味で、尺八と胡弓の分野で用いる用語。曲中では鶴が巣籠りする時の羽音が、胡弓の弓を細かく振る奏法で表現される。本来は三味線との合奏で演奏される。歌には遠山の松の枝に群れる鶴、春の大空に舞い遊ぶ雄雌の鶴が囀る様が詠まれている。「阿古屋琴責」の胡弓にも影響を与えた曲。

「阿古屋琴責」

一七三二年初演の浄瑠璃『壇浦兜軍記』の一場面。平家の武将、景清の行方を探す畠山重忠が、景清の恋人、阿古屋を呼び出し、箏、三味線、胡弓を弾かせて真意を探ろうとする。胡弓演奏の場面では、「鶴の巣籠」の旋律や羽音を表現するトレモロ奏法が取り入れられ、胡弓曲の名曲でもある。歌舞伎では阿古屋を演じる女方が楽器を奏し、文楽では若手の三味線弾きが担当する。文楽で人形が楽器の演奏を模倣する場面は、この作品の見せ場でもある。

「行街」

「江南絲竹」と呼ばれる中国江南地方（長江の下流、上海、蘇州、杭州付近）で演奏されてきた民間楽曲の八代曲の一つ。「江南絲竹」の「絲」は弦楽器を、「竹」は管楽器をさし、二胡、笛子、揚琴、琵琶、中阮、打楽器などの小編成で演奏される。独特の装飾音が特徴で、各楽器が微妙に異なる旋律や装飾音で奏でることで、流麗な流れが生まれる。

「江河水」

双管という篳篥《ひちりき》に似た管楽器で演奏する東北民間楽曲を黄海懐（一九三五～六七）が二胡曲に編曲したもの。万里の長城建設の苦役による夫の死を嘆く「孟姜女」の故事を背景とする。「圧揉」という特徴あるヴィブラートを用いて演奏する哀切に満ちた旋律は、聴くものの魂に訴える迫力を持つ。

「賽馬」

黄海懐（一九三五〜六七）が内蒙古の民謡をもとに作曲した二胡の代表的な楽曲。モンゴルの大草原を駆け抜ける馬群の様子を、「跳弓（スタッカート）」や「抜弓（ピチカート）」といった技法を用いて軽快に表現する。

「空山鳥語」

現代の二胡の基礎を作った劉天華（一八九五〜一九三二）による作品。北京大学などで教鞭をとった劉天華は、楽器、奏法の改革に取り組み、主に伴奏楽器として使われていた二胡を、独奏楽器へと発展させた人物。曲は静かな山に響く小鳥たちの囀りを軽快な旋律で表現したもので、当時としては革新的な技法が多く用いられ、今もって古びることのない佳品である。

「二泉映月」

阿炳の通称で知られる盲人の民間芸人、華彦鈞（一八九三〜一九五〇）による作品。無錫にある「天下第二泉」という泉から題を取っている。即興的に演奏されたものが録音に残され、それをもとに楽譜が整理され、現代まで演奏され続けている。当時の二胡は絹絃で、音域も現在の二胡より低かったので、この時代の楽曲を演奏するときは、二泉琴と呼ばれる低音の楽器を用いることが多い。二泉琴は、二〇世紀のなかごろまで演奏されていた。

（二〇一四年五月二十六日）

⑤三線〈講師：茂木仁史（国立劇場おきなわ調査養成課長）・西江喜春（歌三線演奏家）〉

琉球時代に生まれた三線《さんしん》音楽を通して、王国が作り上げた音楽劇・組踊などの琉球芸能について学ぶ。

琉球芸能

琉球芸能とは、琉球王国時代に宮廷の式楽として上演された芸能のことです。エイサーや民謡など、庶民の民俗芸能ではなく、「琉球舞踊」と「組踊」、それに伴う琉球の「古典音楽」が狭い意味での琉球芸能になります。当時の演じ手は士族の男性で、宮中でじっくり熟成し、高度に洗練されました。中国皇帝の代理人である冊封使《さくほうし》と琉球王に見せるための芸能だからです。

琉球王国で独自の芸能が生まれ育った背景には、歴史が大きく関わっています。沖縄が十四世紀の三山時代、中国では一三六八年に明の時代が幕を開けます。琉球国の中山王はその五年後の一三七二年、中国に朝貢を行い、冊封関係を結びました。冊封というのは、文書により中国皇帝から王位を授かることです。琉球王は中国に家臣の礼をとることで、貿易の権利を得ました。これにより東南アジアの国々と活発な交易を展開し、経済の発展と独自の文化を育てました。

琉球の国王の代替わりには中国の使節、冊封使を迎え、即位の祝いを行います。その使節の船は、王冠をもたらしたことから「御冠船《おかんせん》」と呼ばれ、その歓迎のための芸能は「御冠船踊」と呼ばれました。御冠船は一四〇四年から一八六六年までに二十四回、平均で二十年に一度ほどの割合で、初夏に南西の風にのって訪れ、晩秋に北東の風により帰りました。半年を超える滞在で人数は四〇〇〜六〇〇人にも及び、役人のほか学者なども同行し、文化的、経済的波及効果も大きいものでした。

一六〇九年には、薩摩が侵攻してきます。税ばかりでなく、江戸上りの義務なども負うこととなり、経済的打撃は大きなものでした。薩摩は江戸幕府の鎖国政策下にあって、琉球を通して世界とつながることや経済的価値を重視し、琉球と中国の冊封関係を引き続き奨励しました。琉球は薩摩に従属したことを中国に悟られないよう、中国から御冠船が来航している間は日本的な習俗を隠し、歓迎のための催しにも、日本とは異なる琉球独自の芸能を見せなければなりませんでした。こうして士族の男性が演じる、琉球王国独自の芸能が生まれたのです。

中国と日本、そのどちらに呑み込まれても不思議ではない小国琉球は、軍事力ではなく、巧みな外交で独立国としての命脈を保ち、その中心に芸能がありました。日本の武家の床の間に刀が飾られた時代、琉球の士族の床の間には三線が飾られたといいます。

一八七九年、廃藩置県により琉球王国は消滅し、沖縄県として日本に組み込まれます。

三線と三味線

琉球の三線《さんしん》と日本の三味線《しゃみせん》のルーツは、中国の三絃《サンシェン》です。三絃は十四〜十五世紀に中国の福建省福州地方から琉球に伝来し、やがて琉球で三線になります。宮中では中国の三絃は中国音楽由来の「御座楽《ウザガク》」で演奏され、三線は琉球芸能の中で演奏されていきます。

日本へは琉球の三線が、十六世紀後半に貿易の港、大坂の堺に入り三味線となりました。三線と三味線は胴に張る皮が異なり、三線は蛇皮を、三味線は猫か犬の皮を張ります。また、「サワリ」があること、「バチ」を使用することが大きな違いです。これは、三線を最初に手にしたのが琵琶法師だったからとされます。琵琶にはサワリという共鳴音があり、バチを使います。琵琶法師は琵琶を三線に持ちかえた時、三線にサワリの仕掛けを施し、バチを用いて演奏しました。そうして三味線という楽器が生まれ、やがて「地歌」とよばれる三味線音楽を形成していきます。初期の地歌には「琉球組」という組歌があり、その歌詞の一部は琉球古典音楽の「柳節」と似ています。

[琉球組]　千代も幾千代も　天に照るツ月は　十五夜が盛り　あの君様は　イヨ　いつも盛りよノ

[柳　節]　月の盛りは十五夜が栄え、わが君様はいつも栄え

楽器だけでなく、地歌に三線音楽の歌詞が取り入れられた例です。地歌が弾き歌いをすることや、前奏なしに歌から入る歌い方なども似ています。

琉球音楽の源流

琉球音楽の源流として、沖縄や奄美諸島に伝わる「おもろ」という歌謡が挙げられます。おもろは祭祀儀礼で唱えられ、建造物の賛美や国王・貴人の礼賛などに詠まれました。

一五三一年から琉球王府により「おもろそうし」が編纂され、一六一三年には全二〇巻に一五五四首が収録されました。琉球王国は国王と神女・聞得大君《きこえおおきみ》を中心とする祭政一致の政策を取ったため、神歌が多く収録されています。言葉は定型ではありませんが、八、八、八、六のものもあります。楽器は入らず、節をつけて唱えます。例えば、「聞得大君」のおもろは

「聞得大君ぎや　降れて　遊びよわれば　天が下　平らげて　ちよわれ」

聞得大君に神が降りて神遊びされれば、天下は安らかにましますと祝福します。

この伝統をふまえて、琉歌《りゅうか》が生まれます。琉歌とは琉球の歌、和歌に対する呼び方で、抒情的短詩歌謡です。短歌と呼ばれる八、八、八、六音の三〇字が基本で、三線演奏の節に乗せて歌われます。

ひとつの節にいくつもの琉歌が配されます。琉歌には短歌、長歌、仲風、口説、木遣などの形式があります。三線と琉歌は一体となって発展しました。

日本の和歌と比較してみると琉歌のニュアンスがわかります。

「古今和歌集」常磐なる　松の緑も　春来れば　いまひとしおの　色まさりけり

五、七、五、七、七の三十一字ですね、これを「琉歌」の八、八、八、六になおすと

「琉歌」常磐なる松ぬ　変わるくとぅねさみ　いついん春くりば　色どぅまさる

となります。

琉球古典音楽は三線を伴奏に「琉歌」を歌うものです。祖として湛水流を創始した湛水親方《たんすいおやかた》（一六二三〜八三）、野村流を創始した野村安趙《のむらあんちょう》（一八〇五〜七一）、安富祖流を創始した安富祖正元《あふそせいげん》（一七八五〜一八六五）らが挙げられます。

琉球音階は「ド・ミ・ファ・ソ・シ」の五音階、調絃は本調子（ホンチョウシ）、二揚げ（ニアギ）、三下げ（サンサギ）の三つがおもなものです。

組踊

宮中で御冠船踊をとりしきる役職を「踊奉行《おどりぶぎょう》」といいます。一七一八年に任命された踊奉行、玉城朝薫《たまぐすくちょうくん》は薩摩へ三度、江戸へ二度上り、日本の芸能にも深い造詣がありました。能や狂言、歌舞伎などの芸能を参考に、琉球の音楽や装束、古代の言葉を使ってしっとりと品格のある劇的世界を作り出しました。それが「組踊」です。

演技の基本はすり足で、目線を動かすときは首を振るのではなく、体ごと向きを変えます。こうした動作に能の影響が色濃くみられます。セリフは「唱《とな》え」といい、男役は朗朗と、女方や若衆、子方は独特の旋律に乗せて語ります。

音楽を担当する者を「地謡（ジウテー）」といいます。能の地謡と囃子を合せたような役割を担い、歌・三線を中心に、琴、笛、胡弓、太鼓が伴奏します。歌・三線は、韻文で主人公の心情などを歌います。語るのではなく、歌うのです。

（茂木仁史）

『手水の縁』

『手水の縁』は文学者の平敷屋朝敏《へぃしきやちょうびん》（一七〇〇～三四）の作と伝えられる、男女の一途な愛を描いた作品です。劇中に美しい音楽がちりばめられていることも人気の理由です。

青年山戸《やまと》は、美しい娘玉津《たまつ》を見初めます。二人の間には恋が芽生えますが、二人の仲が玉津の父親に知られてしまい、窮地に陥ります。それでも、二人の強い愛の力で克服するという物語です。

『手水の縁』の中で、三線の担当箇所は十六箇所あります。「七尺節」「仲順節」「東江節」などなど、いろいろな節がちりばめられています。

第一場「出会いの場」、第二場「忍びの場」、第三場「裁きの場」の三場面から成っていますが、ここでは第二場「忍びの場」と第三場「裁きの場」を取り上げ、実際に三線を演奏しながら解説します。

まず、第二場「忍びの場」。忍び行く山戸の道行は、本調子「金武節《きんぶし》」です。若衆の道行などで、よく使う節です。

「忍で行く心　よそや知らねども　笠に顔かくす　恋の習いや」

忍んでいく者の心を人は知るまいが、笠で顔を隠すのは恋の習いだという意味です。

次は野山を越えるときに、二揚調子「干瀬節《ひせぶし》」で、

「野山越る道や　幾里へぢゃめても　闇にまぎれやり　忍で行きゅん」

（野山を越える道が幾里隔てても、闇にまぎれて忍んでいくのだ）

と、高まる気持ちを歌います。

玉津の家の前に着くと、玉津に呼びかけます。「闇の夜の人も寝静まて居もの　御門に出ぢ召しゃうれ　思い語ら」のセリフにかぶせて、二揚調子「仲風節《なかふうぶし》」で、早く会いたくてならない山戸は、

「暮らさらぬ　忍で来ゃる　御門に出ぢ召しやうれ　思い語ら」

（とても一人ではいられず、忍んできました。御門まで出て来てください。思いのたけをかたらいましょう）

と歌います。

「仲風」の意味ですが、上の句「暮らさらぬ　忍でぃちゃる」が五文字・五文字の奇数の和語風（日本）、下の句「うじょにいじみしょり　思い語ら」が八文字・六文字の偶数の琉語風であるところから、その中間の「仲風」という説と、今風と昔風の中間で「仲風」とする説があります。「仲風」は調子の違いによる変化を楽しむ節として人気の節です。

次は玉津が

「あはれこの間の思い語ら」

（せつなかったこれまでの想いを語り合いましょう）

とセリフにかけて、二揚調子「述懐節」で、玉津の思い

「結でおく契り　この世までと思な　かはるなやう互に　あの世までも」

（結ぶ契りはこの世だけと思うな。変わるなよ互いに、あの世までも）

と歌います。

第三場「裁きの場」。若い二人の身勝手な恋愛は許されず、玉津は父の命令で処刑されることになります。しかし命令を受けた家来は、玉津を処刑することなどできない。その思いを本調子「東江節」で

「朝夕もり育て　しちゃる我が思子　義理ともていきやし　紅葉なしゅが」

（朝夕大切にお守りしてきたお嬢様をご命令でも散らすことができようか）

と歌います。

いよいよ刀が振り落とされようとするとき、山戸が駆け付け押し留め、二揚調子「東江節」で

「ああけ　生きち居ため」（ああ、生きていた）

と喜びを歌います。

山戸の熱い思いにほだされて、家来たちは二人を逃がし、終ります。愛を讃える内容は、儒教思想の色濃い組踊の中で異色の作品です。

（西江喜春）

◆実演：西江喜春

・組踊『手水の縁』のいくつかの場面を取り上げ、解説のあと演奏というスタイルで三線の弾き歌いを鑑賞。『手水の縁』を取り上げたのは、一週間後に春秋座で公演を予定していたため。もうひとつのプログラムである雑踊『花風』とともに、マイク・スピーカーを通さずに、生の音を聴く体験をした。

※参考文献　伊波普猷著『校註 琉球戯曲集』

矢野輝雄著『沖縄芸能史話』

（二〇一二年六月二日）

⑥三味線〈講師：常磐津都㐂蔵（三味線演奏家）〉

江戸時代の音を象徴する三味線は、琉球に伝来した弦楽器、三線《さんしん》を改良したものである。三味線の特色を知ることで、日本人が生み出した独自の音について考える。

日本の三味線

三味線の祖先は、通説によれば中国の元の時代、三絃《サンシェン》と考えられています。明代の初期、十四世紀末ごろに琉球に入って百年ほどして、日本にもたらされました。堺の港に伝来したのは、一五六一年（永禄四）前後といわれています。

それ以後、江戸時代を通してあらゆる音楽に三味線が入らないものはないというくらい流行します。

三味線の棹は、三つに分割され、上棹《かみざお》・中棹《なかざお》・下棹《しもざお》と胴の部分から成り立っています。接ぐときは下から順に、胴、下棹、中棹、上棹、これで三味線の形が出来上がります。三味線を正座で構えたとき、バランスを取るために棹は上にいくほど少しずつ細くなっています。次に糸を張りますが、絹糸は三本、太糸・中糸・細糸と文字通り三通りの味を出します。そして胴の一番下、音緒《ねお》の近くの糸の下に駒を差し入れます。そして調弦をして、撥《ばち》で糸とともに「撥皮《ばちかわ》」に当てて演奏します。

琉球から伝来した楽器三線《さんしん》が独特の変化をとげることで、三味線となりますが、そこには材質、構造、演奏法にかなりの違いがみられます。

先ず材質は、音の伝達を良くするため、次第に硬く密度の濃い思い木に、また音に幅をもたせたいために長い棹になりました。胴に張る皮も、蛇皮から猫の皮または犬の皮に、奏法もピックではじいていたのが大きい撥で演奏するようになりました。

構造上の発明で最も重要なことは、三線にはついていない「サワリ」がついたことです。そこには上棹の上の糸倉（糸を収納するところ）の下に金属の横棒が渡してあります。三の糸と二の糸は横棒の上にのっていますが、一の糸だけ外してあり、下からのサワリ山に一の糸が触れたか触れない微妙な位置に乗せてあります。その効力は、サワリがついていないとき、「テ」「ト」と延びない音が、「テ〜ン」「ト〜ン」あるいは「デ〜ン」「ド〜ン」と音量と残響音の大きな効果をもたらします。

これは三線が伝来したとき、最初に手にしたのが琵琶の奏者だったからで、これは琵琶という楽器からの発想でした。

この新たな発明はいったい何を意味するのか。撥の使用、猫の皮、サワリの発明の三つの大変革に共通するものは何か。これについて私は、どうしても音を大きくしたかったからだと考えております。

もう一つ私が言い続けていることがあります。三味線は分類上ではもちろん弦楽器に属しますが、演奏者の経験からいえば、それは打楽器の要素も兼ねているということです。弦楽器と打楽器との折衷楽器、それこそ日本の三味線の特色だと思います。撥で弾く時はかなり激しく、糸だけでなく、糸の下の皮に当てるのが普段の演奏状態です。三味線に打楽器的要素があることを証明しているものは、撥が当たる場所に張ってある半月形の皮、「撥皮」です。

能の楽器は「四拍子」といって、小鼓、大鼓、太鼓、笛です。このうち太鼓だけがバチを使用しますが、その円筒状の撥が当たる所の皮の真ん中にやはり丸い撥皮が張られています。三味線も太鼓の撥皮も激しく当てるためにかなり傷みます。破れないまでも傷みだすと新しい撥皮に張り替えます。この撥皮の存在が何より打楽器の証拠です。

日本人の求めた音

では、なぜ三味線で大きな音が出るように改造したかったのか。ここに日本人の好みの美的感覚の一端を知ることができます。日本の文化を思うとき日本の風土を抜きには考えられません。たとえば中国の広大な内陸の国の風土と比べ、我が国はかなり狭いところですが、山も海もほどよく近く、豊かな自然の恵みが豊富であること。列島は南北に長く、縦長にしかも斜めに走っています。季節は春夏秋冬がほどよく一年を通して訪れます。日本人はその季節感をいつも身近に感じ、それによる変化をいつも肌に感じながら生活してきました。今の時代にも、俳句は根強くファンを増やしていることでもわかります。近頃は木と紙の家屋から洋式に変わり、季節感も感じにくい時代になってしまいました。

しかし、これは何も季節を感じることだけにとどまりません。それは人の気持ちを思いやるという日本人のすばらしい感受性を生み育てました。

当然、音楽においても音の高低、音の強弱、音の緩急、メリハリの利いた音を求めたくなるのではないでしょうか。大きい音を聴いた時に、小さい音も聴きたくなる。一年を通して温暖で気怠い気候と、打ち寄せる波の音の中でうまれた「三線」とは違う音。そこには変化に富んだ音を好む日本人を発見することができます。

三味線を最初に手に取ったのは、源平の激しい戦いを「平曲」で語っていた琵琶演奏集団です。琵琶を三味線に持ちかえても、やはり合戦の模様を表現する激しく大きな打撃音のあとには、「チン」「チチン」と揺るような、寂しげな憂いを帯びた音で亡くなった死者を哀れむような音を出したいのです。大きい音のすぐ後に小さい音、激しい音の後に憂いを帯びた音と、極端にメリハリをつけ変化を出したかったためにこそ、大きい音を出す工夫をしてきた理由はここにあります。

ぶつかるような打撃音やサワリという独特の装置が生み出す「ジャーン」「ジョーン」という倍音は、西欧風にいえば雑音でしょう。きれいな憂いのある音を楽しむために、あえてきたない音の倍音を作り出して、音の変化を求める。それは逆転の発想ともいえるもので、まことにすごい思いつきだと思います。

中国の三絃や琉球の三線では、強烈な音も微妙な音も出すことはできませんし、変化に富んだ音を出すことはできなかったのです。

三味線の種類と常磐津

三味線音楽にはさまざまな流派がありますが、三味線の種類から代表的なものをあげてみますと、太棹《ふとざお》の義太夫《ぎだゆう》、中棹《ちゅうざお》の常磐津《ときわづ》・清元《きよもと》・新内《しんない》、細棹《ほそざお》の長唄《ながうた》と大別することができます。それぞれの流派は単に棹の太さだけでなく、胴の大きさ、胴のくり、胴皮の張り方の違いによってそれぞれ流派の特徴をよく出しています。

あらゆる日本音楽と同じく、三味線音楽の歌唱にも「語る」と「歌う」という二つの大きな流れがあります。太棹の義太夫、中棹の常磐津・清元・新内は「語り物」、細棹の長唄は「歌い物」に位置します。

常磐津は、宮古路文字太夫《みやこじもじたゆう》が、一七四七年（延享四）に常磐津節を興し、歌舞伎の舞踊劇とともに発展してきた江戸の浄瑠璃の一流派です。

三味線音楽の歌唱は「語る」と「歌う」という二つの流れがあります。常磐津は語り物ですが、舞踊劇の伴奏として発展してきたために、「歌う」という要素も多く含みます。歌う部分は「常間《じょうま》」といって三味線の拍は同じテンポで演奏します。「語る」と「歌う」とが一曲のなかでバランスよく使われ、「歌」の音域が広いという特徴をあげることができます。

歌舞伎舞踊は「オキ」「出端《では》」「クドキ」「踊り地」「チラシ」という五段構成で展開します。構成の上から「語る」と「歌う」のバランスを説明すると、「オキ」は作品の時代や情景を語って知らせる部分ですから語ります。「出端」は主人公の登場です。踊り手が登場しているので華やかに弾きますから、常間で歌う部分。鳴り物を入れますのでいっそう華やかになります。「クドキ」は真情告白の場面なので語って聞かせます。「踊地」は華やかな手踊りの場面なので、常間で歌います。「チラシ」はフィナーレなのでやはり華やかに常間です。

「語る」と「歌う」とが一曲のなかでバランスよく使われている例を具体的な作品をとりあげて説明しましょう。

常磐津の代表的な作品に「将門」（『忍夜恋曲者《しのびよるこいはくせもの》』）があります。一八三六年（天保七）に初演された名曲です。平将門の残党を詮議のため、大宅太郎光圀が相馬の古御所に忍びこむ。将門の娘滝夜叉姫は遊女に姿を変えて色香で迷わせ、味方に引き入れようとするが、本性を見破られるという物語です。

〽それ五行子にありという～」のオキではじまり、出端は遊女に姿を変えた滝夜叉が花道のスッポンから登場します。

遊女の滝夜叉の 〽嵯峨や御室の花盛り、浮気な蝶も色かせぐ、廓の者に連れられて、外珍しき嵐山、それ覚えてか君様の、袴も春の朧染め～」というクドキは常磐津の代名詞になっているほど有名な箇所で、語りの魅力を発揮する場面です。このあとに光圀の〽さても相馬の将門は、威勢のあまり謀反とともに、企て並べし大内裏、驕者の振舞い都に聞こえ〜」と物語るところも、語りの要素が強い場面です。踊り地の〽一つ一夜の契りさえ〜」は光圀と滝夜叉が二人で踊るところで、常間ですが軽快な節がついています。滝夜叉の正体があばかれ、立廻りのあと、フィナーレのチラシとなります。

常磐津が太棹や細棹ではなく、その中間の中棹を使うのは、過度な装飾音を抑え、撥の奏法も、あて撥、押し撥、そのどちらも使い分けることができるからです。

常磐津はすべての三味線音楽の中で中庸に位置するため、もっとも基本的、基本に忠実な邦楽ともいえます。忘れてはならないのが素浄瑠璃としての存在です。舞踊に適した曲調で作曲されていますが、せりふは写実に表現し、演劇性を含む作品が多いのも、常磐津が物語を語って聞かせるという語り物だからです。

人の想像力をかき立てる、音だけの劇の面白さをつくりだすために、三味線はスクイ、ハジキ、スリ、コキなどのさまざまな奏法で音色の変化を表現しますが、もっとも大切なのは「間《ま》」です。

「間」は「魔」に通じるといって、私たちは演奏する時、「間」を大切にします。音と音の「間」が開きすぎると間延びしてしまうし、詰まっていると間抜けになってしまいます。

日本の古典音楽は、五線譜にあらわされる約束された間ではない「間」を尊重します。絶妙の「間」は人を緊張させます。いつも同じ「間」だと人はねむくなってしまいますし、舞台芸は観客を寝かせてしまったらおしまいです。観客をひきつける芸を見せなくてはなりません。

◆実演：常磐津都㐂蔵／常磐津都史（三味線演奏家）

・「将門」（『忍夜恋曲者』）の弾き語り。

（二〇一四年六月九日）

（3）身体は伝える

日本の伝統芸能の身体は、重心を低く構えるのが特徴である。日本人の原信仰に由来している。大地の神を信仰する日本人は、大地の神々と一体化するために大地に向かって体を収斂させるからである。一方、大陸文化の根底には天の〈氣〉を尊重する観念があった。だから、身体を天に向かって解放する。信仰と身体は深くかかわっているのである。

①インド舞踊―バラタナティヤム〈講師：石井達朗（舞踊評論家）・横田ゆうわ（インド舞踊家）〉

インドには数多くの伝統舞踊が存在する。南インド、タミル地方の巫女たちの舞踊に起源を持つ、バラタナティヤムについて学ぶ。仏像表現と似ているが、インドの神様のあらわしかたに源流がある。

インド舞踊の世界

インドは呪術、祭祀、武術、民俗舞踊、伝統舞踊などにおいて世界でも比類のない豊かな身体性を誇っています。呪術芸能であるテイヤム、ブータ、伝統舞踊のカタック、オリッシー、バラタナティヤム、伝統舞踊劇のカタカリがとくに有名です。

テイヤムは南インドケーララ州の呪術儀礼です。「Kaavu」と呼ばれる、森の聖域でアウトカースト、カースト制の身分制度の埒外にいる者たちによって行われる儀礼です。テイヤムとはサンスクリット語で「神」をあらわす語が現地語化したもので、さまざまな神が演じられますが、主に、祖霊神、英雄神、地母神が中心です。テイヤムに変身する者はテイヤッカーランと呼ばれ、実生活で無視され、さげすまれる者が畏れ敬われる存在に変身します。その変身は隠されるものではなく、ひと目にさらされながら行なわれます。化粧師がテイヤッカーランの顔をカンバスにして、まるで細密画を描くかのように細かく描き込んでゆきます。皮膚にほどこされた点々は「天然痘」からきているといわれ、不治の病を儀礼的にまとうことで「神」に変身するという芸能の萌芽、原点をみる思いがします。このようなシャーマニズム的な儀礼はインドの伝統芸能の根底にあるものです。

カタックはバラタナティヤムと並ぶ伝統舞踊です。十六世紀初頭から十九世紀後半まで三〇〇年以上にわたり存続したトルコ系イスラム王朝、ムガル朝の影響を大きく受けています。寺院で踊られていたものが宮廷に移り、より高度に技術的な洗練をみせ変容していきました。数学的に複雑といってもいい多様なリズムパターンを刻みます。足首に一〇〇から二〇〇の鈴が結ばれます。踊る時の高い腰の位置、衣裳などをみても、インドの伝統舞踊のなかで唯一イスラムの影響を強く残していることがわかります。ここにイスラム文化とヒンドゥー文化の高度の芸術的な融合をみることができます。

カタックはヌリッタ（純粋舞踊）、ヌリティア（明確なジェスチャーにより踊りのテーマを語る）、ナティア（感情を顔、手、身体の表情により物語る）の三つで構成されています。ダンステクニックとして、「chakkars」という回転と、「tatkar」といって足が床を打ち、複雑なリズム表現をする技術が特徴的で、フラメンコの遠い親戚かと思わせるような高度の足使いです。

オリッシーは、インドの東のオリッサ州に伝わる舞踊です。細部に至るまで動きが様式化されているのですが、ダンサーの身体の線がいつも美しい曲線を大きく描いているのが特徴です。重心、腰の位置は低く、ダンザーの身体は地面に近くなっています。足首にはやはり鈴をまきつけています。

カタカリはインドの歌舞伎ともいわれます。歌舞伎と違うのは、演劇の形式をとりながら、セリフを全くしゃべらない無言劇あるいは「ダンスドラマ」（舞踊劇）であるということです。

歌舞伎と同じところは、音楽家も演者も男性だけで構成されているということです。歌舞伎の隈取《くまどり》のような化粧と重厚なコスチュームも特徴的です。化粧には二時間から四時間かけ、専門の化粧師によってほどこされます。「ハスタ」、「ムドラー」と呼ばれる手指の微細な様式的表現、目玉、頬、まぶたに至るまで体全体を表現のメディアにするため、少年のころから徹底したからだの訓練を行います。

カタカリの前進であり母体となっているのがクーリヤッタムという舞踊劇です。紀元前から現代まで続いている古代のサンスクリット演劇で、世界に現存する世界最古の演劇ということになります。二〇〇〇年以上の歴史があります。クーリヤッタムの最も有名な作品にカーリダーサの『シャクンタラー姫』があります。五世紀ごろ書かれた戯曲でサンスクリット文学の最高峰とされています。これは日本語の翻訳があります。クーリヤッタムには、せりふもあり、女優も出演します。

バラタナティヤム

バラタナチィヤムは、インドを代表する伝統舞踊です。インド国外でインド舞踊を学ぶものもバラタナティヤムが一番多いのではないでしょうか。南インドのタミル・ナードゥ州を中心に、アーンドラ・プラデーシュ州、カルナータカ州の一部で踊られてきました。

バラタナティヤムは、特にヌリッタとヌリティアに特徴があります。ヌリッタの身体表現は、体全体に神経を行き渡らせ、テクニックの確かさ、美しさを見せます。幾何学的な正確さが要求されます。両側に足を開いた低い腰の位置でのシンメトリカルな動きが特徴です。ヌリティアの感情表現は、物語性、具体的な感情、情緒を表わしますが、眼、眉、口、唇、頬の表現を使い、「ハスタ」と呼ばれる手と指の様式的な表現が特徴的です。

これだけ豊かなインドの身体性を培ってきた世界、その背後には、舞台芸術最大の理論書『ナーティア・シャーストラ』があります。成立は紀元前説、二世紀説、三世紀説、四世紀説などありますが、だいたい八世紀頃に現在の形になったとみるのが妥当でしょう。膨大な舞踊・演劇の宝典であり理論書であり、全体が二十七章から成ります。内容は、舞台芸術の起源に始まり、劇作法、感情表現、セリフ、発声法、衣裳、化粧、観客論、制作、批評、劇場建築など広範囲にわたる百科全書的な書物です。

例えば、『ナーティア・シャーストラ』からとくに目の表現形態を抜き出して見てみると、眉毛の動き七種、瞳の動き九種、まぶたの動き九種、眼球の位置九種、視線の種類三十六種と詳細を極めた例があげられています。眼の動きだけでもこんなことが可能かなと思うほどの内容です。理論的であるばかりではなく、実践的な書として、舞台の現場にたずさわるものへの指南書として存在しています。

（石井達朗）

バラタナティヤムの構造〜ヌリッタとヌリティア〜

バラタナティヤムの起源は、ヒンドゥー寺院の巫女たちが踊っていた巫女舞・奉納舞にあります。つまり神にささげる「祈りの舞」といえるでしょうか。ですから、先ほどは舞台を始める前に神様に祈りを捧げました。

そして踊る内容は祈りであったり、神々への賛美であったり、神話を物語るものでもあります。非常に演劇性が高い所以です。そしてもうひとつの大きな特徴は、「動きの型の連続」です。つまりバラタナティヤムの大まかな構造は、意味を持たない動き＝ステップや動きの型と、意味を持った動き＝ジェスチャーやパントマイムのような動き、この二つの組み合わせによって成り立っているのです。

動きに意味性を持たない「ヌリッタ」というテクニックは、基本のステップが四十九種類あります。足の打ち方やリズムによる種類の違いです。基本のステップを踏むには基本の姿勢があります。中腰になって両膝を一八〇度真横に開き、手を腰にあて、「アラマンディ」という姿勢をキープし、大地を踏みます（ステップを踏む）。鈴をつけた足で大地を踏み鳴らすのは、神様を呼ぶためです。床を踏みしめ手に鈴をもって踊る日本の巫女舞と共通しています。

この基本のステップに、目の動き、首の動き、肩の動き、指の動き、これらが加わると、全身のムーヴメントに発展していきます。その動きの基本パターーンはいくつもあります。例えば、ナッタダウ、パッカアダウ、クットゥアダウ、これらが組み合わさるとダンスユニットになり、さらに、この連続ムーヴメントに歌や音楽が合わさっていきますと、バラタナティヤムの演目になるわけです。

インドの音楽は西洋の音楽理論とは違うのですが、西洋音階・ドレミファソラシドにあたるのが、「サリガマパダニ」マです。旋律はバリエーション豊かにたくさんあり、この音階に連続ムーヴメントを合わせて踊るわけです。

さて、もう一方の重要な要素でもある、動きに意味性を伴った「ヌリッティア」という動きは、手指や顔の表情をつかって物語を語ったり感情表現をするものです。これは、インド舞踊が神々への祈りであったり賛美であったり、時には神様から受けた啓示を人々に伝えるものだったので、「踊る言語」としての重要な役割を成していたわけです。

そのテクニックとしての基本は、「ハスタ」という手指の象徴言語としての型です。仏教の手印を組むというのと同じです。二十八種類あります。

これらを使っていろいろなことを表現します。

例えば、親指と薬指を折った「トゥリーパタカ」の片手を振り下ろすと刀をあらわし、両手を頭の上にあげれば、冠を意味します。両手を耳の横に添えて動かすと象を表わします。親指と薬指を結んだ「マユーロ」で孔雀を表し、その他、別の型で、蛇、鹿、なども表現できます。

人間の基本的動作、見る、聞く、話す、また、形容詞も表わすことができます。感情表現も出来るのですが、バラタナティヤムでは、特に九つの感情を様式化しています。愛情、滑稽、悲しみ、怒り、勇ましい、畏れ、驚き、嫌悪、平安（悟り）です。

大まかにバラタナティヤムの構造をご紹介してきましたが、実際の演目のなかでこれらがどのように出てくるのか、「タガッタガッ　シヴァ・シャクティ」という曲をご覧頂きます。これは、母なる大地をたたえた女神への讃歌です。すべてを生み、育て、はぐくむ女神。命の源としての女神の力を「シャクティ」と呼びます。ヴィーナを奏でる学問と音楽の神様・サラスヴァティ、両手に蓮の花を持った幸運の女神・ラクシュミー、女神の代表格・パールヴァティが出てきます。

歌詞の内容を動きを付けて説明しますと、「おお女神よ。あなたの名前を呼ばせてください。踊らせてください。祈らせてください。あなたが私の心に宿り、そして共にいてくださることで、弱い私は強められるのです。あなたの祝福によって真実を見る目が開かれます。母が子を愛し、子が母を信じるように、また、踊りが音楽を必要とするように、私もあなたと深くつながっているのです。女神よ、あなたの名前を呼ばせてください。踊らせてください。祈らせてください。」

では、「タガッタガッ　シヴァ・シャクティ」を実演します。

（横田ゆうわ）

◆実演：横田ゆうわ

・基本ステップ―タッタアダウ、動きの基本パターン―ナッタダウ、パッカアダウ、クットゥアダウ。九つの感情表現―愛情、滑稽、悲しみ、怒り、勇ましい、畏れ、驚き、嫌悪、平安（悟り）。演目「タガッタガッ　シヴァ・シャクティ」を歌詞の中身を動きを付けて解説したあと、実演。

（二〇一四年十二月一日）

②韓国の舞踊―サルプリ舞〈講師：梁性玉《ヤンソンオク》（韓国芸術綜合学校教授）〉

大陸文化の根底には天の〈気〉を尊重する観念があるため、舞踊は天に向かって身体を解放する。

韓国舞踊

伝統舞踊はその民俗の思想的な個性と直結されている文化的な精神遺産です。韓国の伝統舞踊は近代西洋の劇場文化に多くの影響を受け、今日に至っています。宮中の芸能者、民間の芸能者、巫俗（シャーマン）の踊りが、舞台芸能となったものです。宮廷舞踊以外はどこから始まってどのように発展していったのかは不明です。

韓国の伝統舞踊は、宮廷舞踊、儀式舞踊、民俗舞踊の三種類に分類できます。韓国舞踊の歴史の中で、文献に残っているのは宮廷舞踊だけです。宗教的な儀式舞踊、民間芸能者による舞踊はほとんどが口伝えで伝承され、文献に記されたものは残っていません。

サルプリチュム（厄払い舞）、スンム（僧舞）、テピョンム（太平舞）、チャングチュム（枝鼓舞）は韓国を代表する舞踊です。

スンム（僧舞）は、振りと踊りの面白さを特徴とする神秘的な舞踊です。仏教儀式の僧侶舞踊が起源と言われていますが不明です。のちに一人舞いとして、芸術的に昇華させたもので、人生の苦悩、自分の苦しみを祓う性格が強い舞踊となりました。韓国の独特のリズムで構成されています。

踊り手は僧侶が着る袖の長い白い衣裳をまとい、白い頭巾をかぶり、赤い襷を肩から腰にかけて掛けます。袖が長いのは、多くの感情を表現するためです。チャンサムという長い袖を引き寄せたり、投げ出したりしながら美しい振りをみせます。一九六九年、重要無形文化財第二十七号に指定されました。

テピョンム（太平舞）は、シャーマニズムの踊りが基礎となっています。宮中で国家が天下太平で平穏無事であることと豊年を祈願するという舞を舞台化して発展させた舞踊です。足取りに特徴があります。宮中の衣裳を身にまとって踊ります。韓国舞踊の中でも規模が大きく、華やかで華麗なイメージがあります。

チャングチュム（杖鼓舞）は伝統民俗楽器の杖鼓で踊る舞を現代舞踊と融合させた舞踊です。女性の官能性を強くあらわすというのが他の舞踊と違う特徴です。

同じ踊りでも踊り手によって美的感覚と内容がかわります。いずれの踊りも、内容や感情をつたえる決まった動作はありません。きめられた型のようなものはないのです。自己を表現するための進歩的な表現技法で踊ります。踊り手の踊りに対する哲学が反映するというわけです。

サルプリ舞

サルプリというのは、悪を祓うという意味で、巫女儀式で厄を祓うための踊りです。もともとは宗教的な習俗である巫俗が源流であると考えられますが、現在のサルプリ舞には巫女の呪術的な動作はみられません。祟りを解いたり、厄を払うという実質的な役割はありません。今日みられるサルプリ舞の形式は、芸人や妓生によって伝わったものを、韓成俊《ハンソンジュン》（一八七四〜一九四一）が、サルプリチュムの名称で舞台芸能化したものです。

ひとりの踊り手が白いチマチョゴリを着て、長くて柔らかいスゴンという白い布を持ち、厄払いの曲にあわせて踊ります。スゴンを使って女性の持つ悲しみや苦しみを表現します。サルプリ舞には特に、踊り手の思い、思想的背景があります。韓国女性の心をもっともうまく表現した踊りです。その芸術性が評価され、重要無形文化財第九十七号に指定されました。

特徴

一つ目の特徴は、感情を伝えるための決まった動作がないということです。

腕をあげたり下げたり、足を動かすときも自らの感情を第一に表現するためです。体の動きを通して内面を表現するために、動きはそれほど大きいものではありません。内から湧き上がる感情の高ぶりが基本にありますから、動作は抑制されていても、そこには強い意志が反映しています。

二つ目は、呼吸法です。韓国舞踊の美しさの基本は呼吸法にあります。呼吸法によって変わる心情と「ハン」で動きの形を作ります。「ハン」というのは、踊り手や観客が感じる韓国人の思いです。恨み、悲しみ、歓びなどの複雑な感情を心のうちにおさえたものを指します。

息を吸って吐くことによって、規則的な完全呼吸、停止呼吸、激しい呼吸、緩やかな呼吸、また不規則な呼吸で踊りのストーリーを表現していきます。

三つ目は、「静中動」です。踊りが、内向性と外向性をもちあわせているということを意味します。内向的な踊りは静的でありながら力強く、外交的な踊りはダイナミックでありながら、幽玄な動きを演出します。「動」は「静」があって際立ち、「静」は「動」があってこそ生きてきます。韓国の踊りはとくに、「静」にその魅力があります。動きをとめるための動作が舞踊の中心となり、また動きの動作へとつながっていきます。このメリハリがドラマ性を生み出します。

昔の舞踊家たちは韓国舞踊を「緊張の踊り、あやしの踊り、弛緩の踊り」と表現しました。

これらの特徴はサルプリ舞だけのものではなく、実は韓国舞踊全体にみられる特徴でもあります。

◆実演：梁性玉

・サルプリ舞、スンム、テピョン、チャンゴチュムの実演

（二〇一四年十月二十七日）

③琉球―琉球舞踊

〈講師：茂木仁史（国立劇場演芸課課長）・宮城能鳳（琉球舞踊家）〉

琉球（現在の沖縄）で琉球王朝に確立された、沖縄独自の伝統芸能である。

琉球王朝時代の芸能

琉球王朝時代に宮中の中で培われてきた芸能は、「琉球芸能」と呼ばれます。担い手は王宮のなかの士族です。ですから、演じ手は全員が男性でした。

琉球は十四世紀、三山時代に入ります。沖縄本島の北部を治めていた北山王、中央部を治めていた中山王、南部を治めていた南山王の三山です。

三山時代、中国では元が滅び明の時代が始まります。すると、中国は周辺諸国に冊封《さくほう》するよう求めます。冊封というのは、中国皇帝が文書により王を任命することです。王の代替わりには任命の儀礼を行います。中国の使者が王冠とともに船で訪れたため、その船は御冠船《おかんせん》と呼ばれ、使者を歓迎するための芸能も御冠船踊と称しました。中国に臣下の礼をとることで王として認められ、中国をはじめ他の冊封国との貿易をすることが出来ました。琉球からは硫黄、馬、布を、日本からは刀、扇子、美術工芸品を、中国からは絹織物、青磁をルソン（フィリピン）、シャム（タイ）、マラッカ（マレーシア）、安南（ベトナム）、ジャワ・スマトラ（インドネシア）などアジアの国から胡椒、織物、象牙、染料、錫などの貿易を行い、経済的に潤い、独自の文化を築いていったのです。

では、冊封使を歓迎するために宮中で士族が演じた芸能から、歌三線による、お祝いの曲を聴いていただきます。

◆実演：西江喜春（歌三線演奏家）・山川雅之（歌三線演奏家）

これは祝儀舞踊である「老人踊」のなかの「かぎやで風」という曲です。老人は富と長寿の象徴です。歌詞は「今日のほこらしゃや　なほにぎやなたてる　つぼで居る花の　露きゃたごと」と歌います。「今日の誇らしさは何にたとえよう。つぼみの花が露を受けたようだ」という内容です。

女踊

女性が主役の踊りは「女踊」といいます。戦後は女性の舞踊家も多くなりましたが、もともと士族の男子が踊っていました。女方《おんながた》の伝統を伝える第一人者の宮城能鳳さんに「諸屯《しゅどうん》」という「女踊」の大曲を踊っていただきます。

（茂木仁史）

◆実演：舞踊　宮城能鳳（歌三線　西江喜春・山川雅之）

琉球舞踊の基本の立ち方は、女踊は左足のつま先を上げます。男踊は八文字立ち。歩みは摺足です。能の影響ですが、琉球独特の歩みです。手の返しを「こねり手」といいます。片手こねり、両手こねり。これで基本的な女踊はできます。

「諸屯」は、思い通りに行かない恋にじれる女心を描いたものです。登場の「出羽」、本踊の「中踊」、退場の「入羽」の基本構成は、日本の小歌踊とも通じる典型的な琉球古典舞踊の様式です。

三つの曲、「仲間節」、「諸鈍節」、「しょんがない節」で構成されています。

「仲間節」の歌詞は「思事の有ても　よそに語られめ　面影と連れて　忍で拝ま」「胸の内を語ることはできません。面影を慕いこっそり拝みましょう」という意味です。片思いの恋に身を焦がすというものです。

「諸鈍節」の歌詞は「枕並びたる　夢のつれなさよ　月や西下がて　冬の夜半」「愛しい人と抱き合う夢のせつなさ

よ。月は西に傾いて冬の夜半に目覚めます」という意味です。

「しょんがない節」は「別て面影の　立たば伽めしゃうれ　馴れし匂い袖に　移ちあもの」。「私が去ったあとは私の面影を想ってください。私の匂いが袖に移っています」という意味です。切ない女心を描いています。

極度に振りを抑えた表現は、写実的に女性を描くのではなく、内省的に女の情感を描こうとした、女方《おんながた》ならではの工夫です。「枕並びたる夢のつれなさよ」で茫然と立ち尽くしたまま虚空の逆三角形を見つめます。「三角目付」とよばれ、女の空しさ、せつなさを目線のみで表現します。異例な技法です。

沖縄の芸能というと賑やかなものを想像しますが、宮廷では、しっとりした格式のある芸能が好まれました。

（宮城能鳳）

琉球舞踊

一六〇九年に薩摩軍三千名が琉球に侵攻すると、琉球は薩摩の支配下に置かれます。与論、奄美大島を割譲し、税の義務を課せられました。薩摩は鎖国政策下の江戸時代にあって、琉球を通じて海外とつながり、経済的利益を上げるため、琉球と中国の冊封関係を奨励します。琉球王国は中国と日本の両方に属することで、国の永続を図りました。軍事力ではなく、外交によって国家の命脈を保ったのです。

琉球は王の代替わりと徳川将軍の代替わりのたびに江戸上りを命じられました。江戸上りの時、琉球の使者は中国の芸能を演じます。中国から冊封使が来ているときは、琉球が日本に従属していると知られないよう、日本的なものを見せないようにしました。そのために、琉球独自の文化を育てたのです。

中国の御冠船は、初夏の季節風により訪れて初冬に帰るまでの半年ほど滞在し、人数も四〇〇名から六〇〇名ほどになりました。役人のほか学者なども同行し、経済的にも文化的にも、波及効果がありました。もてなしのハイライトが「御冠船踊」だったのです。

琉球の舞踊は先ほど紹介した祝儀舞踊「老人踊」のほかに、少年の踊りである「若衆踊」、これは振袖など可憐な衣裳できびきびと爽やかに踊ります。

「女踊」は女方による踊り。紅型《びんがた》の衣裳をまとい、娘の恋心などをモチーフにしたもので、静謐な動きに女性の情念を封じ込めて踊ります。「女踊は肉に骨をつけて踊る」という口伝があります。なよなよとしない心得で、士族ならではの格式があります。先ほど実演してもらった「諸屯」は女踊の代表的な作品です。

「二才踊」は青二才の二才、すなわち青年の踊りです。大和風七五調が特徴です。

「雑踊《ぞうおどり》」は明治の廃藩置県以降、琉球王国がなくなり、市井に出た士族が小屋掛けで踊りをみせ、庶民の生活風俗などを題材に新しく創作した舞踊です。明るく溌剌とした楽しい作品が多いのが特徴です。

「組踊」の誕生

琉球独自の芸能として特筆すべきは「組踊《くみおどり》」でしょう。十八世紀始めに出来た楽劇で、士族の玉城《たまぐすく》朝薫《ちょうくん》が創造しました。一七一八年「踊奉行《おどりぶぎょう》」になった朝薫は、薩摩へ三度、江戸へ二度上り、日本の芸能に深い造詣がありました。能や小歌踊などを参考に、物語は能などに取材しつつも独自の展開を見せます。琉球音階による音楽や琉球の古語のセリフを用いて、「組踊」という新しい音楽劇を創りだしました。恋愛や歴史、儒教的忠孝を主題とした敵討物などです。

例えば、玉城朝薫作「女物狂《おんなものぐるい》」。能の「隅田川」に設定を借りながらも、構成、展開、結末は全く異なります。能にはない、人盗人が子をさらう場面と、寺で僧侶の機転により子どもが救われる滑稽で胸のすく場面を加え、物狂いの場も最後はめでたく母と子が再会を果たします。

人盗人は、立派な士族の登場に使われる「大主手事」の音楽で登場し、大悪党を印象付けます。低い、荒々しいセリフの名乗りをします。狂女は、能の演出に倣って笹を持ちます。二揚調子の名曲が立て続けに三曲歌われ、狂女の心情をえぐるように描写します。

はじめは「子持節」でうつろな目付きで悄然と登場し、子を失くした絶望を込めます。からかう里の子供たちをいなし、「散山節《さんやまぶし》」で気の触れた情緒不安定な様子をみせます。不安げに左右を見て、歩き、中空を見つめて薄い笑みをうかべ、笹を打ち振るとクルクル旋回してペタンと座り込みます。座主が気づいて子供のことを問います。「年は、名は」「七つ、亀松」。母の投げやりな答えがぽっかりと浮かびます。

再会の瞬間は空気も止まり、凍り付いていた母の心に血が通うと、むせぶような「生きち居ため」（生きていたのか）というセリフに「東江節《あがりえぶし》」が被さり、歓喜の叫びを歌い上げます。セリフの末尾に被せて歌いだす手法を「仮名掛け」といいますが、緊張感や喜びの強さを表す表現法です。

「組踊」というと、「踊」といいながら芝居であるため混乱しますが、この場合の踊は芸能というほどの意味です。総合芸術と解釈すればよいでしょう。

組踊は能の影響は受けていますが、中国の冊封使に日本との関係を悟られないよう、琉球独自のものをみせなければならなかったことから、琉球のオリジナリティが追求され、独自の様式を見出しました。

組踊には悲劇的な結末で終わる作品は一つもありません。冊封の儀で新国王が認められ、新しい御代の門出となる宴の芸能ですから、祝福の結末でなければならなかったのでしょう。

（茂木仁史）

◆実演　・女踊「諸屯」、雑踊「鳩間節」を立方の宮城能鳳先生が踊り、西江喜春先生・山川雅之先生の歌三線で実演。最後に受講生全員がワークショップで、宮城能鳳先生の指導により、両手を頭上に掲げて左右に振り、足を踏み鳴らす踊り「カチャーシー」を体験。

（二〇一一年六月二十日）

④日本―京舞〈講師：井上八千代（京舞井上流五世家元・京都造形芸術大学教授）〉

京舞井上流は、京都で誕生し、初代井上八千代に始まり当代五世八千代にいたるまで二〇〇年の伝統を受け継ぐ流派である。

「おいどおろして」

農耕型の日本人の身体所作と申しましょうか、私たちはお辞儀をする所からはじめます。師匠と弟子の向かい合せの鏡稽古、師匠が右手をあげたら、弟子は左手を上げるという仕様です。

舞の起源は水平の動きとされ、一人の心をつたえることから始まったといわれています。ですから基本姿勢は腰を落とすとともに、すり足。からだの芯を残したまま回るというような動きをします。

移動はすり足です。右足を出す場合なら、出す右足の爪先からさすり、一定の幅まで出したとき、後ろ側の左足のかかとがあがっている。いわば平行移動です。おいどが安定していないといけません。「おいどおろして」というところから始まって「おいどおろして」と言われ続けます。腰の位置をそのまま下に落とすという意味です。結構上半身は丈高く、腰を落とすというのが京舞の身体所作の基本です。

もともと女性が始めた舞ですから、手は小さくみせるという必要はありません。拍子は膝をあげてわりあい強く踏みます。おいどがおりていたらきちんと音がでます。

座る時はまっすぐに座ります。他流ではハスに足をもってきますが井上流はしません。二つの足が並べまして、その線の両側を歩くというのが基本です。ですから足を重ねません。内輪にきたりしないという意味です。ナンバといって、右足を出したら、右肩をだすというもので、これも京舞の基本所作です。日本人は江戸時代までこのナンバの身体を持っていました。井上流はそれを残しているということになります。

右の膝をまげて、左足のかかとを上げて腰をそのまま下ろしますが、際立って違うのは、京舞が、かかとを上げるというのが他所とは違うところです。

女性が女性を舞う

井上流には、能に題材を得たものが、いくつかあります。

地唄『鉄輪《かなわ》』も能に題材を得た舞です。

能の『鉄輪』は夫に離別された女が、自分を捨てた男と自分を追い出して新しく迎えた妻に復讐をするために鬼になりたいとの願を掛けて、貴船神社に夜ごと丑《うし》の刻詣《こくまい》りをします。神は女の願いを受け入れて、赤い着物を着て、顔を丹で赤く塗り、頭に鉄輪を頂き、鉄輪の三本の足に蠟燭を灯し、怒れる心を持てば鬼となれると告げます。鬼となった女は憎い男女のもとに現われますが、陰陽師安倍晴明の術によって行く手を阻まれ、目的を果たすことなく、またのチャンスを待とうということばを残して消え去るというものです。

この能をもとにして出来上がったのが、地唄の『鉄輪』です。

能の『鉄輪』はたくさんの人が出てきます。貴船社の社人、陰陽師の安倍晴明、鉄輪の夫、鉄輪の女というように、多くの登場人物と劇的構成になっているという点が特徴的です。

京舞の『鉄輪』は、あくまでも一人の人が舞うというものです。

二つの部分から成っていて、最初は笠を持って舞う「忘らるる、身はいつしかに浮草の」から笠を捨てて、「鬼となるも理《ことわり》」までで、この部分は女が貴船神社に丑の刻参りをする道中を描いています。

「忘らるる、身はいつしかに浮草の、根から思ひの無いならほんに誰を恨みんうら菊の、霜にうつろふ枯野の
　原に、散りも果てなで今は世に、ありてぞつらきわが夫の」

までが井上流のオリジナルの歌詞で、能のことばとは全く違います。この部分で、鬼になる前の哀しみを表現しています。「悪しかれと」から一曲の最後「姿は目に見えぬ鬼とぞなりにける」までは、能の詞章をそのまま借りています。

後半は、「いでいで恨みをなさんとしもとを振り上げうわなりの」から、いよいよ鬼となった女のうわなり打となるわけです。うわなり打というのは、本妻や先妻が後妻を妬んで打擲することですが、ここからの歌詞はすべて能『鉄輪』と同じです。

京舞では、前半と後半で姿を変えることはなく、うわなり打も扇を打ち杖に見立てて舞います。

嫉妬をテーマにしたものに、もうひとつ地唄の『葵の上』があります。うちの流儀の代表的な曲です。耳をすまして聴いていただくとわかりますように、六条御息所の嫉妬を表わす舞です。高貴な女性の内面に宿る嫉妬を表わしています。『源氏物語』からというよりは、はやり、先行芸能の能から影響をうけ、曲ができ、振りを付けてできあがったものです。

「実に世にありし古は　雲上の花の宴　春の朝の御遊に馴れ　仙洞の紅葉の秋の夜は　月に戯れ色香に染み
　花やかなりし身なれども　衰えぬれば朝顔の　日蔭待つ間の有様に　ただいつとなき我が心　もの憂き野辺の早
　蕨の　萌え出で初めし思いの露　かかる恨みに憂き人は　何を嘆くぞ葛の葉の」

とここまでは、能の『葵の上』と同じ詞書ですが、このあと、

「縺れもつれてナ　逢う夜はほんに　憎くや憎くやは鶏鐘ばかり外に妬みは　なきぞなきぞ　なんなん菜種
　の仮寝の夢に我が胡蝶の花摺衣　袖にちりちり露涙　ぴんと拗ねても離れぬ番いおおそれそれが　誠に離れぬ番

と能の歌詞とは違う、急にくだけた内容になります。

い　辛気者の仇枕」

井上流が一八〇〇年（文化・文政）ごろ産声をあげた、江戸時代の芸能だからです。鎌倉から室町時代の芸能に白《しら》拍子舞《びょうしまい》があります。舞う白拍子は女性ですが、男舞を舞ったといいます。どこかに男の芸能である要素が強かった、それが中世の芸能ではないでしょうか。

いきいきとした江戸風俗のものや人の姿を取り込んだのが江戸時代の芸能です。井上流は、京都の文化のなかで、しかも女性ばかりでつないできました意味において取り残された部分があるかもしれません。そのなかで時代が下ったおもしろさが綯交ぜになっているのではないか。この「縺れもつれてナ」の詞章もその典型例ではないかと思います。「葵の上」は前半の部分は、ひとりでしか舞えないので、能のいわゆる劇のようにいろいろな人が出てくるというようなわけにはいきません。しかも、三味線音楽に乗せて始まり、ひとりで語り出すという感じで、ゆったりとした始まりです。最後は自分がしおっています。そこから始めて立ち上がりますので、六条御息所であるということを表わしているのではないかと解釈しています。

能に取材したものを本行物《ほんぎょうもの》といいます。井上流を代表する作品に能に題材を得たものが多いため、女の舞う能というとらえ方をされるのではないかと懸念をします。たしかに歌詞の多くは能から取っていますが、能の雰囲気を女舞に移したところに井上流としての持ち味があります。女性が女性を舞う自然体の舞です。

井上流の歴史

初世が生まれましたのが一七六七年（明和四）で、長州浪人の娘だったのですが、十六歳で近衛家に行儀見習いに上り、曲舞《くせまい》や白拍子舞を学び、舞の素養を充実させたようです。宿下がりをして、井菱の紋を拝領し、「玉椿八千代にかけて」といわれたところから井上八千代と名乗り、本格的に舞を始めたというのが、のちの井上流です。

一七八二年（天明二）生まれの姪のアヤを養女にしまして二世八千代になります。二人で手を携えて井上流の舞を築き上げたといわれています。格式の高かった島原の廓の師匠になったのが、流儀ができるきっかけだったといわれています。火事で住まいを祇園にほど近いところ、祇園四条花見小路から少し西へ転居しました。能に傾倒し、金剛流の能を取り入れ、本行舞を創めた人です。能だけではなく、人形浄瑠璃を取り入れたのも二世です。

その弟子が、「都をどり」を始めた三世八千代です。住吉神社の社家の娘で初世とは血縁者ではありません。なんらかの商売を大坂屋という屋号でしていましたが、京都へやってきて、初世に入門したそうです。一八三八年（天保九）生まれで、一九三八年（昭和十三）に百歳で亡くなります。明治、大正、昭和と激動の時代を生きました。京都の町も激動の時代で一八六四年（元治元）、禁門の変で京都も丸焼けになり、蛤御門のあと、三カ月は京都の町は焼けていたといわれています。

翌年の一八六五年（慶応元）、祇園が大火にみまわれ、祇園だけでなく、京都の町そのものが大変なことになり、祇園も島原へ引っ越し営業をしていたようです。焼けたかわりに復興しようという気運が高まっているところをに、都が遷都となり、東京に移り京都はますますさびしくなった。京都の町をにぎにぎしくしようということで始められたのが「都をどり」です。三世八千代に白刃の矢が立ちました。

一八七二年（明治五）に始めたパターンをひとつのパターンとして今に踏襲しています。中身は変わっていますが、置き唄のプロローグで始まり、エンデイングが桜で終わるという見せ方は変わっていません。その中に四季を盛り込むということ、そういうことを考えたのが三世八千代です。

三世が八十歳のころ入門したのが、四世八千代です。舞踊家としてすぐれ、井上流の舞を生かした、女性的なこまやかな配慮のある舞を残してくれました。

祖母の八千代は技の切れる繊細な芸風でした。小さなからだでとっても大きな表現をするひとでしたけれども、三世とは全く異なります。

私が、五世を襲名するようにと言われたとき、何が後押しになったかというと、三世の百歳を祝って舞っている映像をみて、同じ演目でも、舞う姿は祖母とは違う印象でした。自分の見知っている四世八千代とは違う芸風がある。伝承とは何かを考える時、八千代というのはひとりの人ではなく、たくさんの人の思いが重なって八千代という名前ができているというふうに考えることができました。そういう思いを持って舞いを舞っていくことができるならばという気持ちで舞っています。

（二〇一三年一月二十七日）

◆実演：井上八千代

・「葵の上」

・ワークショップ「門松」

《２》日本文化の誕生

日本の中世は精神文化の時代である。新しく、鎌倉仏教や神道各派をはじめ、さまざまな、学門、文芸、芸能、芸道が誕生し、活動し始めた。十二世紀から十三世紀、東アジアは激動の時代を迎え、中国や朝鮮で古代が終った。その影響下、日本の古代も終わり、中世が開始する。日本の芸能はその激動のなかで変革を遂げた。日本独自の文化の本質を完成させたのが中世の鎌倉、室町時代である。

日本独自の文化が最も成熟した形をしめすのは江戸時代である。徳川のもたらした平和な時間は、近現代にまでうけつがれる伝統文化をそだてることを可能にした。

(1) 伝統文化のはじまり

大陸から伝わった芸の延長ではなく、日本独自の精神性に富んだ文化へと飛躍した中世。日本の伝統文化が誕生した中世という時代を知らずに、日本文化を語ることはできない。中世から日本をみれば、日本がわかる。

①闘茶〈講師：筒井紘一（京都造形芸術大学教授・茶道資料館副館長・今日庵文庫長）〉

闘茶《とうちゃ》は、中世に流行した茶の味を飲み分けて勝敗を競う遊びである。千利休によって侘び茶が形成される以前の茶のスタイルに注目する。

闘茶の歴史

日本に茶道が成立する以前の茶の湯の世界の闘茶の話をします。闘茶とは中国での呼称であり、日本では、茶寄合、回茶、順茶といわれてきました。

中国では唐の時代にお茶を飲む習慣が盛んになりました。中国・唐代の文筆家陸羽（七三三〜八〇四）が、茶の知識をまとめた『茶経』を書いたからです。『茶経』は七六〇年に書かれました。時代的には、ちょうど玄宗皇帝が安禄山の反乱により寵姫楊貴妃を失ったころです。

唐の時代のお茶の飲み方というのは団茶。茶葉の持つ膠質《こうしつ》を応用し、茶葉を蒸してから臼を使って搗《つ》いて固め、それを長方・円形に成型し熟成させてつくったものが団茶です。次いで団子状のお茶を、碾《うす》で挽いて粉にする。粉にしたお茶を釜に入れてかき混ぜ、杓ですくってお茶碗にいれていく煎茶法と言われる飲みかたです。

宋の時代になってお茶の飲み方が代わります。葉茶を蒸して乾燥させた葉を臼で粉にした抹茶を盞《さかづき》（建窯産出の茶碗）に入れたあと、湯を注いで点じる点茶法へと変化しました。

点茶法になって興った飲茶風俗が「闘茶」です。点茶には二種類あって、ひとつは団子になったお茶を粉にする方法。もう一つは葉をそのまま粉にする方法です。抹茶にしたものを盞または天目の茶碗に入れ、お湯を注いでかき混ぜます。

唐の時代は白磁や青磁の茶碗でしたが、宋の時代になると、建盞や天目が焼かれるようになります。その時代の最高傑作が、現在窯変天目や油滴天目といわれる建盞《けんさん》です。

茶の質や点てる技術を競う

宋時代の闘茶はまず、茶の色の区別、茶と湯との融合の仕方が争われることから始まりました。

北宋（九六〇～一一二七）の仁宗と英宗の家臣であった蔡襄《さいじょう》がしるした『茶録』の「色」の項で、次のように書いています。

黄白者受水昏重、青白者受水鮮明、故建安人闘試、以青白勝黄白

宋代の健安の人たちは、茶の色は白を最上とするが、黄白の茶は水に融けると黒く淀んでみえ、青白の茶は鮮明になるから、青白のほうが黄白に勝るというのです。ちなみに中国では闘茶を闘試ともいいました。

北宋の第八代皇帝徽宗帝《きそうてい》が大観年間（一一〇七～一一一二）にしるした『大観茶論』の「色」にも、「点茶之色以純白為上、真青白為次、灰白次之、黄白又次之」とあり、茶の色は純白、真青白、灰白、黄白の順で悪くなるとしています。

闘茶で競うもうひとつが、『茶録』「点茶」に記されています。

建武闘試、以水痕先者為負、耐久者勝、故較勝負之説、日相去一水両水

闘茶では、水の痕が先に盞の縁についたものを負とし、長い間水の痕がつかない茶と湯とがうまく融合一体化したものを勝ちとするといっており、いずれも視覚による勝負に徹していることがわかります。茶の色と水の質を重要視していたのです。

江休復《こうきゅうふく》著『江隣幾雑誌《こうりんきざっし》』にこんな話が残っています。蘇才翁が蔡襄《さいじょう》と闘茶をしたとき、蔡襄は茶の水に蕙山《けいざん》の水を使った。蘇才翁の茶は蔡襄の茶よりも劣っていたが、竹瀝《ちくれき》の水をつかった。竹瀝の水を用いて煎じたため逆に勝ちをとったというエピソード。

もっともこれは、水と茶の融合度をみて勝負を決したのか、飲茶の味の区別をしたのか明確ではありませんが、茶と水の相関関係を示す興味ある逸話といえます。

茶味の観賞

茶の色による識別や茶と水との融合度をみる闘茶勝負は、次第に茶の味のよしあしを争うようになっていきます。范仲淹《はんちゅうえん》著『闘茶歌』という七言の詩に、「闘茶味兮軽醍醐、闘茶香兮薄蘭芷」とあります。闘茶で味や香りを見るときには、醍醐水や香草の類までも軽んずるほどになるというのです。水を重視するとともに、茶味の観賞もしています。

明代の陸樹声著『茶寮記』に「建人謂闘茶為茗戦」とあることをみても、茶の味で争っていたことはあきらかで、闘茶の勝負が明代にいたっても続いていることを知る興味ある資料といえます。

日本の闘茶

宋の茶法が日本に伝来したのは、平安時代末期から、鎌倉時代にかけてです。日本の闘茶の発生は、鎌倉時代末期の十四世紀初頭です。茶の産地別による色や味を飲み分けて勝負を競う闘茶が、鎌倉時代末から室町時代中期の足利《あしかが》義教《よしのり》のころにかけて爆発的な流行をみせました。

花園天皇の日記『花園院宸記《はなぞのてんのうしんき》』、元亨四年（一三二四）十一月一日条に「凡近日或人云、資朝、俊基等、結衆会合、乱遊或不着衣冠、殆裸形、飲茶之会遊之」とあり、日野資朝や俊基が、ほとんど裸の格好で飲茶の会を催していたことがわかります。

足利尊氏は『建武式目《けんむしきもく》』（一三三六）で「群飲佚遊《いつゆう》」、つまり飲んで遊ぶ放蕩を禁じました。それというのも闘茶が想像以上に華美で賭け金が多額に及んでいたためです。政治・社会を批判、風刺した「二条河原落首」（『建武年間記』）には、そうした風俗をいましめた記録があります。

京鎌倉ヲコキマゼテ、一座ソロハヌエセ連歌、在々所々ノ歌連歌、点者ニナラヌ人ゾナキ、譜代非成ノ差別ナク、自由狼藉世界也、夫犬田楽ハ関東ノホロブル物ト云イナガラ、田楽ハナヲハヤルナリ、茶香十炷ノ寄合モ、鎌倉釣ニ有鹿ト都ハイトド倍増ス

「茶香十炷ノ寄合」とは十種茶や十種香のことです。

その頃の日記、公家中原師守の『師守記《もろもりき》』や京都祇園社の『祇園執行日記《ぎおんしぎょうにっき》』にも勝負記録があり、「本非十種茶」「十種茶、二十種茶、五十種茶、百種茶」などが登場し、賭け物を出し合って本非茶勝負が行われていたことがわかります。

十五世紀に入ってさらにエスカレートしていくと、通常の闘茶だけではあきたらなくなった人たちが、「十種茶・乱容十種茶・四種十返・六色茶・三種四服・二種四服・三種釣茶・四季之茶・四季三種之釣茶・源氏茶・系図茶」（『異制庭訓往来』、『遊学往来』）などの新しい闘茶を次々と考案していきました。

闘茶の基本「四種十服茶」

闘茶は、出されたお茶が本茶か非茶かをいいあてるもので、本茶とは栂尾産のお茶、非茶とはそれ以外の産地の茶のことです。

闘茶の基本とされる「四種十服茶」はこんな風に行ないます。

（1）産地の異なる四種類のお茶を用意する
（2）客は勝負前に四種中三種を試飲　三種に「一ノ茶」・「二ノ茶」・「三ノ茶」と命名して、試し飲みし、味と香りを覚える
（3）亭主が無作為にお茶を点てる
（4）客は出されたお茶が一～三の何番の抹茶かあるいは試飲にださなかった茶かを当てる
（5）番号のかかれた闘茶札（木札）を使い解答する
（6）一回ごとに回収し成否を明らかにしていく
（7）勝負は十回戦おこなわれ、最も多く飲み当てたものが勝者
（8）勝者ひとりが最高の懸物を獲得することができる。

主な懸物は、船、陶磁器　銀貨、扇子、香炉、壺、硯、弓矢などです。

爆発的なブームでもって、公家・武家・僧侶・庶民にいたるまで遊興の具になっていきました。人々を熱狂させ、一代ブームとなった闘茶会も、百年余りの短い命を保っただけで衰えていきます。

足利義政（一四三六～九〇）の時代に至ると、やがて、現代への芸道とつながる高い精神をめざす、新しい茶法の時代を迎えることになります。足利将軍を中心にしながら進展していった会所の茶から書院の茶、公家や僧侶のみならず地下衆を巻き込んだ雲脚茶会、寺院の門前などで出された一服一銭の茶などが混在しながら、珠光（一四二二～一五〇二）による草庵茶が成立し、それ以後、茶の湯の世界は大きな展開をみせることになります。それが千利休による茶道の成立です。

これから闘茶の実演をします。資料は残っていますが、実際はどういう方法でやっていたのか。闘茶を復元するに

あたり、わからないことのひとつとして、どうやって飲んだのだろうかということです。利き酒のように口に含んで捨てたのかというと、一四〇〇年代、お茶は薬としての効能がありましたので、その薬を口に含んだだけで捨てるだろうか。お茶はツバキ属であり、中国宋代の思想家荘子が、「上古大椿という者あり、八千歳を以て春と為し、八千歳を秋と為す」といったことから、長生きの象徴としてのお茶は薬として大切にされた。それを飲んで長生きができるようにとはじまったのが、中国のお茶。わからない部分はありますが、略した形で再現してみます。

◆実演：麹谷宏・六志会

（※六志会　伝統の茶の湯を学びながら、一方では、現代の生活のなかで気楽に活用できる楽しいお茶会の姿も求め、試行を重ねる男だけの茶集団。）

・筒井紘一先生監修で再現した闘茶の実演。茶道会館北見宗幸氏の指導のもと、六志会のメンバー麹谷宏氏、大中誠氏、角山一俊氏、渡邊弘之氏、澤田貴之氏による闘茶。受講生のなかから限定二十名を舞台上にあげる。

〈方法〉

（1）二種類のお茶を用意する

（例：①京都のお茶　②狭山茶（①か②かあるいは①でも②でもない茶が③）

（2）先ず①のお茶を飲んで味を覚える

（3）次に②のお茶を飲んで味を覚える

（4）三服目に出されたお茶が①か②か、あるいは①でも②でもないのかを当てる。

※参考文献　筒井紘一著「闘茶の研究」（『茶湯―研究と資料』木芽文庫）

②華道〈講師：池坊由紀（現・池坊専好／華道家元池坊次期家元）〉

室町時代末期、日本独自の文化として華道が誕生した。華道の成立をうながしたのが、京都頂法寺六角堂の僧侶だった池坊専慶。花の名手として『碧山日録《へきざんにちろく》』に記された記述が現存する資料の中では池坊のいけばなに関する最古のものであり、日本のいけばなの始まりといえる。

花を立てる

世界中、さまざまな様式で、さまざまな文化の中で花は飾られています。それは日本だけに見られる特殊なものではなく万国共通の行為ですが、なぜ、日本では特別なものとして我が国の伝統文化になっているのか。華道と認識されているのでしょうか。

いけばななので、「花をいける」という言い方が一般的ですが、歴史上の文献をひも解くと、そもそもは花を立てる「立て花」という表現が使われています。花をいけるというのは、かなりあとになってからの表現です。どういうところからはじまったかというと、民俗学のほうで、日本人の依代《よりしろ》信仰と関係があると言われています。祇園祭の山鉾が天に向かって高く立っているように、地上から天に向かって高いものを立てることによって依代に神が降臨してくる。それと同じように、降臨を迎え入れる植物は寝た状態ではなく立った状態がのぞましい、それで、立てられた花の状態を「立花」、「花を立てる」という表現がされるのです。一番根っこのところに、日本人が培ってきた依代の観念があるのです。自然の中に神々がいてそこに何か神聖なものを見出すという事が土壌としてあったといえるのではないでしょうか。

五八七年（用明天皇二年）に聖徳太子が建てた六角堂の絵図（図1）がのこっていますが、いけばなの発生には依代信仰の土壌の上に仏教が伝来したことが大きなきっかけとなっています。これは定説としていわれています。

仏教伝来に伴い、仏様を荘厳するための手段として、いろいろな方法が試みられました。香を焚く。灯明をつける明かり。仏様にお花を供えるということもその一つでした。花を供える仏前供花は仏に仕える僧侶の役割でしたから、僧侶が花を立てることは日々のことで、日々積み重ねていく中で上手な人、名人がでてきます。

古い文献をみていますと「花摘み」、「花摘み同心」という言葉がでてきます。花を摘むという動作はたとえ暑くても寒くても行わなければなりません。過酷な状況でも摘む。花を摘み、いけるという事が修行的な要素をもっていたからです。修行的な要素、つまり花を立てることによって自分を磨こうとする道の概念に貫かれたというところから、華道というものが出来上がっていったのではないでしょうか。

図１　聖徳太子絵伝

これは、華道が仏前供花からはじまったことを示すものです（図２）。

三具足と脇花瓶です。掛け軸の両脇にある花の材料はいろいろですが、必ず両端は対になっています。中央には仏様を荘厳するための道具である、蠟燭によるあかり、真ん中に香炉、その左にあるのが花。三つのセット（三具足）によって飾られていると考えます。神仏を受け入れる依代信仰の土壌があり、そこに仏前荘厳のひとつとして飾り方として用いられたということで、そもそもは花を独立したものとしてみるのではなく、仏様を祀るための一部としてとらえられていたということ

図２　仏前供花が華道のはじまり

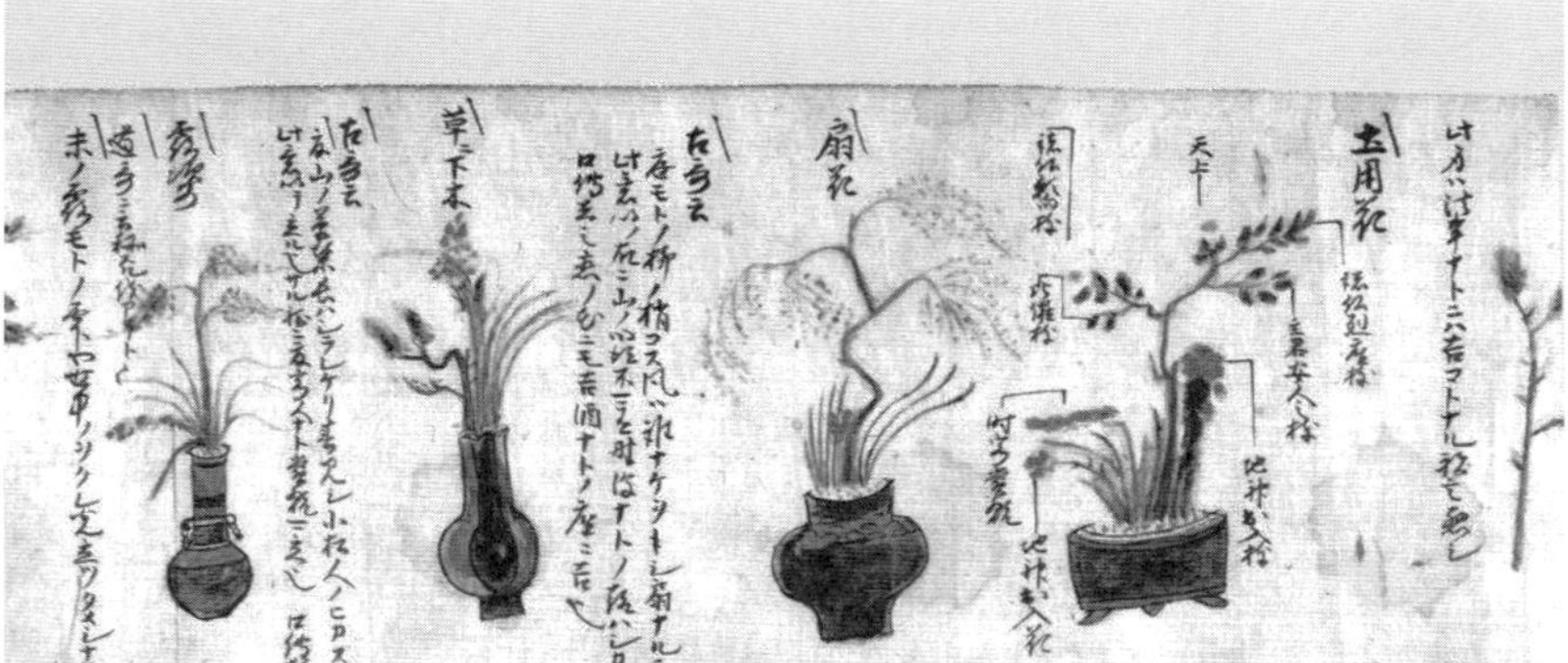

図３　『花王以来の花伝書』

がいえます。

この絵図は、一四九九年（明応八）ごろできたといわれている、現存する日本最古の花書『花王以来の花伝書』（図3）です。彩色の花姿四十三瓶を中心に花伝を記述した伝書です。

仏前供花から時代が下がってどんなことが立て花の主眼としてみなされていたのか。どんなことが大切にされていたのかを知ることができます。絵としては稚拙です。花の描き方もおおざっぱです。花を横からみたように描いているのがおもしろい。一つ一つの枝のところに文字が書かれています。

この頃は立て花が仏前供花から発展し、さまざまな用途によって花の文化を展開していました。例えば、一番右に「連歌の花」とあります。連歌の会のときに立てられた花ということです。下に「主人愛敬」、その上には「天長地久」と書いてあります。

すでに仏前供花から発達して様々な用途によって華の文化が展開していましたが、それでも、一本一本の枝に自分の思いや意図をこめて、花に願いをこめて立てていたことがわかります。仏様に供えるものではないけれど、仏前供花の影響が反映されています。

「此花大事之口伝共アリ」とあります。もっとくわしく書いた方が伝播していくときには好都合なのではないかと思いますが、「此花大事之口伝共アリ」とは「大事なことは口伝がありますよ」ということで、すべて書かれているわけではなく、ありとあらゆる情報を網羅しているのではなく、大事な部分を隠し持っているという事がわかります。

立て花の受容と伝播を考えるとき、深い意味を持っていると考えられます。広まっていくときにその場にいなくとも「花伝書」によって知ることはできる。あとで再現ができるというメリットがあり、学ぶ人があり広がっていきます。

その一方で立て花の技術を持っている人にとっては、「花伝書」だけが独り歩きしていくことは危険である。教える側の優位性も保たなければならない。この相反する問題に整合性をもたせるために、大事なことに口伝がある、直接習わなくてはいけないといった、わざと曖昧模糊とした文字や絵図だけでは計り知れない部分を残していたのであろうと思います。

花の名手池坊専慶

二十五日庚寅宿雨不晴　春公招専慶　挿花草於金瓶者数十枝　洛中好事者来競観之

専慶を招いて、草花を唐金の器に数十枝挿しています。洛中の好事者が来て競ってこれを見たと書いてあります。これは、東福寺の禅僧の日記『碧山日録』の一四六二年（寛正三）の条に記されている記述です。専慶というのは六角堂の坊のひとつであった池坊の僧侶である池坊専慶のこと。専慶が鞍智高春《くらちたかはる》に招かれて花を挿し、京都の人々の間で評判となったことが記されています。

専慶がどのように花を立てたのか。詳細はわかっていませんが、さきほどの『花王以来の花伝書』から推測するに、複雑な構成はとっていなかったけれど、数十枝挿してみんなが見に来るくらいですから、何か普通とは違う匠の技というような、うまい表現力があったのではないか。

仏前供花とは違う造型的な立て花が、同じ寺家のあいだで文化事象としてすでに定着していたことがわかります。東福寺は臨済宗、池坊は天台宗ですが、宗派を超えて情報交換がなされ、寺家のあいだでは一般化していたことを表しています。

専慶が注目された時期と同じ頃を知る資料が他にもあります。

室町の頃の日記『山科家礼記《やましなけらいき》』、花について書かれているものです。いろいろな面白い花を立てています。馬盥《ばだらい》に花を立てたり、飯筒と呼ばれる口の広い器に立てたりしています。この記録からも、当時は今の私たちが思うような複雑な構成をとっていたのではなく、どちらかといえば素朴、しかし少しずつ立て花としての造形ができあがりつつあった。意識され始めていたと思われます。

華道の成立～『専応口伝』にみられる「道」の萌芽

これは、一五四二年（天文十二）に書かれた池坊専応の花に関する口伝書です。花をいけるとはどういうことか。花を立てるということが華道になっていくのはどういうことなのかの解答のひとつを与えているのが、この巻物に書かれた『専応口伝』だと思っています。

瓶に花をさす事いにしえよりあるとききき侍れど。それはうつくしき花をのみ賞して。草木の風興をもわきまへず。只さし生たる計なり。この一流は野山水邊をのづからなる姿を居上にあらはし。花葉をかざり。よろしき面かげをもととし。先祖さし初めしより一道世にひろまりて。都鄙のもてあそびとなれる也。

破甕古枝を拾い立て。

ただ、小水尺樹をもって江山數程の勝概をあらはし。暫時頃刻の間に千變萬化の佳興をもよおす。宛仙家の妙術ともいいつべし。

皆一花の上にして開悟の益を得しぞかし。抑是をもてあそぶ人草木を見て心をのべ。春秋のあはれをおもひ。

一日の興をもよをすのみにあらず。飛花落葉のかぜの前に。かかるさとりの種をうる事もや侍らん。

どういうことが書かれてあったかというと、最初の文章はショッキングです。花の美しさを見せるだけならわずかな心得があれば誰でもできる。昔から花を挿す文化はあるけれども、奇麗な花を挿すことがいけばなではないと批判しています。普通なら、美しい花を立てることこそいけばなではないかと考えます。

専応は、美しい花を称賛して花瓶にいけることは本当のいけばなではない。「草木の風興」を理解しなくてはいけないといいます。「草木の風興」とは何なのか。そこがいけばなに通じるのだと思いますが次の文をご覧ください。「破甕古枝を拾い立て」、これは破れた甕（花瓶）と古い枝を拾って立てるということです。古い枝を拾って立てるのと、美しい花だけをいけるという違いがおわかりになるのではないかと思います。

それまでは花合わせや連歌会では、大陸伝来の唐物の高価な花器を使うということがひとつのステイタス、権力の象徴でもあったのですが、専応はそういう唐物偏重のとらえかたを否定しています。花の鮮度、見かけだけではなく、古い枝にも価値があると捉えています。

「草木の風興」というのは、けっして私たちが今思うきれいな形、きれいな色、きれいな姿の花だけをさすのではなく、植物が自然の中で耐えながら伸びようとしてきた、そういうところに味わいがある、それが趣につながっていくという考え方です。命のプロセスである実であるとか、枯れた葉、ありとあらゆる植物の状態を使います。いけばなの視点から言えば、そこに「草木の風興」がある。草木が日々耐えてきた味わいがいろいろな姿になってあらわれているという考え方です。

花屋さんでは、きれいなものが売っていますが、いけばなを嗜む人にとっては、まっすぐな枝よりは、曲がっているものこそ、「草木の風興」がある。雨や風にさらされ、厳しい自然のなかで伸びようとするというところに風興がある、草木自体の興趣をわきまえ、自然を再構成するという考え方です。

いける、いかすといういけばなの語源という概念につながってくるのが「草木の風興」で、依代信仰と密接に結び付いた表現だとするならば、花をいけるということは、命をそのまま輝かせる、生かすという考え方に基づいているといえます。

「小水尺樹をもって江山數程の勝概をあらはし」というのは、いけばなはほんの少しの水と枝で大自然を表している。数本の花木を用いて江山の絶景に劣らない眺めを表す事。一旦小さなミクロの世界に閉じ込めて大自然の縮図、象徴としておさめているのだ。それが立花の妙で、見る人にとっては小さな世界ではありますが、そこから豊かなイマジネーションが広がるような作品をつくらなければならないということです。

「皆一花の上にして開悟の益を得しぞかし。」「かかるさとりの種をうる事もや侍らん」とあります。『専応口伝』の中の一文はある意味では仏教的な影響が強く投影されているのですが、みんな花によって悟っていくそういうきっかけを得るのであろうといっています。

ただ、花を挿すということは自分がのびのびとリラックスし、満喫するだけではなく、花が咲く、花が散っていく、そういう自然の摂理のなかで、どうすることもできない自然の命としての営みをみることによって、自分たちもそういう同じ流れのなかにいるということをきっかけとして気づいていくこともある。

ただ単に花の立て方や花材を選ぶことについていっているのではありません。花をいける人も自然の命の摂理に気付くのではないだろうかという内面的なことを言っています。

のちに華道に「道」という概念ができますが、「道」という概念ですから終わりのない修練をするという感覚を伴った世界と考えられます。その萌芽が『専応口伝』に見出されます。ただ単に飾りではなく、捧げるだけでもなく、花をいけるということが自分自身の内面と密接にかかわっている。外にみえる造形ではない、自分の内面とかかわっているというところに、ほかの国の花を扱う文化とは違った、日本の特異性があるのではなでしょうか。華道が日本の伝統文化になった由縁だと考えます。

◆実演：池坊由紀

・池坊三つのスタイル、立花（仏前供花）、生花（立花の簡略化）、自由花（戦後）を活ける。

まず、自由花。約束はないがいけばなとしての魅力、空間、植物の一本一本を個性あるものとしていかしていくという特徴を意識していけていくことが大切。

つぎは生花《しょうか》。江戸時代、立花の簡略化としてできた。経済力をつけた町人たちの間に立花が流行する一方、簡略でかつ格調高い花形が求められるようになり、生花が成立した。みんながいけやすいという事でシンプルな構成。

三つ目は立花。仏前供花から発展した非常に複雑な形。大自然の姿を器の上に表現する立花という様式を大成した池坊専好（二代）は、朝廷や武家に重く用いられ、池坊の地位を揺るぎないものにした。立花は後水尾天皇が大好きだったスタイル。約束事がいくつもある。花器の口は水平。大地を表現するため。大自然の縮図をあらわすため、もともとに日本人の自然環境から得た美意識をもとにしている。立花はそれを大切にする。足許に生えている草は下の方に、いけるという約束ごと。江戸時代は一日がかりで花をいけ、鑑賞し、交流した。江戸時代の作品図を参考に復元したものも含め三つの作品は、いずれもが洗練され、古さを感じさせず、普遍的な美しさを備えていた。

（二〇一一年十二月五日）

③絵解き〈講師：林雅彦（明治大学名誉教授）〉

もともと、寺社の教化、宣伝などの目的で行われた「絵解き」。仏教の伝来とともに大陸から伝わり、広く人々に愛でられてきた。鎌倉時代を迎えると、仏教が大衆化し、専従の演者が現われ、芸能化の様相を呈し、娯楽的な要素を含むものも登場してくる。能、舞曲、説経節などの台本にもなった。

「絵解き」ってなあに

宗教的背景を持った物語性のある絵画を、美術史の領域では「説話画《せつわが》」といいます。その「説話画」あるいは説話的絵画を前に、内容や思想を当意即妙に説き語る行為を「絵解き」といいます。絵解きをする演者、解説者をさして「絵解き」と呼ぶこともあります。

絵解くという行為には、それ相応の型がありますが、必ずしもその型に当てはめなければならないという事はありません。いいかえれば、時刻、場所、機会、視聴者の男女・老若の比率、その反応、あるいは演者自身の力量などの条件次第で、臨機応変に、即興的に絵相や台本には出てこない解説や説明が加えられて、変容します。かりに台本があったとしても、能や歌舞伎と同様に、いやそれらよりもはるかに演者の裁量にまかされる部分が多いといえるでしょう。ですから、絵解きは一回性の文芸、芸能だと規定することができます。そればかりか、絵解きは絵画による表現と、言語による表現の接点だけに留まらず、音楽的表現とのかかわりをも持ち合わせているといえます。

絵画と語りとが一体化した絵解きは、長い年月、文字の読めない人々のあいだにあって、生きることの尊さや善意の社会的通念など、先人の人生観、世界観を理解し、自らの人生観、世界観を作り出す上で重要なビジュアル・コミュニケーションの手段、方法でした。

絵解きで有名なものといえば、和歌山県日高川町・道成寺の「道成寺縁起」。縁起というのは、社寺の由来や霊験などの伝説のことです。芸術性豊かな絵巻仕立てにし、道成寺の宣伝活動を行ないました。現在、絵巻を使って絵解きをしているのはこの道成寺だけです。

「道成寺縁起」は安珍清姫の物語です。男女の行き違いから、怒りに燃えた清姫が若い僧の安珍を焼き殺したというものです。

見目よき僧が紀伊国室の郡真砂で一夜の宿を借り、その夜そこの女主人に迫られるが、大願成就を前に仏戒を破るわけにはいかない。参詣を終え下向する際にはあなたの気持ちにこたえるとその場凌ぎのウソを言って翌朝女の家を出ます。女はこの僧のことばを信じて待つのですが、やがて自分がだまされたことを知ると、怒りで大蛇と化して僧を追いかけます。僧は道成寺の大鐘の中に隠れますが、大蛇は鐘に巻きつき、火焔で僧を焼き殺してしまうという話です。

この「道成寺縁起」は後に様々な芸能になっています。能や歌舞伎などの古典芸能、現代でも、画家の小林古径や村上華岳が絵画の題材にしたり、作家三島由紀夫の『近代能楽集』という戯曲集のなかにも、「道成寺」という一幕物があります。

アジアの絵解き

絵解きは、インドで始まりました。二五〇〇年前古代インドで始まった仏教の世界に絵解きと唱導が出てきて、中央アジアのシルクロードを経てやがて中国、朝鮮半島、東のはての日本へと伝わってきて、独自の展開をしました。

インドには、ポトゥア、チトラカティ、ボーパという三種類の絵解きがあります。ポトゥアは上から下へと展開する絵巻を用いて語られます。チトラカティは、日本の紙芝居のようなもので横長の紙を使って絵解きをします。三本の絃になっているギターのような楽器を弾き、歌い語るという形式のものです。ボーバは、横断幕型で、女性がカンテラを照らし、男性が棒で絵を指し示しながら物語を展開していきます。長時間にわたる絵解きですから、飽きてくると、当時の歌謡を入れていく、という形の絵解きです。語り終えるのに数日を要するというものです。

絵解きの題材として、先ずお釈迦さんの生涯の大事な場面を描いた「仏伝画」があります。「釈迦八相図」は五世紀にインドで作られたものです。絵柄は向かって左側下から上へ誕生・猿候奉密・従三十三天降下・初転法輪が描かれ、右側下から上方へ降魔成道・酔象調伏・シュラヴァスティの奇跡・涅槃の場面が描き出されています。

サールナートからは浮彫の「釈迦四相図」が出土しています。

八世紀ごろに作られた壁画「阿闍世王蘇生図」には、絵解きしている光景を描いた場面があります。すなわち阿闍世王とその王妃の前で、肌の黒い女性が、釈迦の生涯のうち四つの場面―誕生の場面・悟りを開くのを邪魔する場面・悟りを開いた場面・亡くなる場面―「釈迦四相図」を布に描いたものを掲げ、もうひとりの女性がそのかたわらで絵解きしているというものです。絵解きの実演を描いたものでは一番古い絵柄です。

浮彫涅槃図の古いものとしては、二～三世紀ごろの作とされるものがガンダーラから出土しています。最後まで釈迦の旅に三十五年間付き添って、釈迦から多くの話を聞いた弟子阿難尊者の嘆き悲しむ姿のほかに、釈迦の周りには菩薩をはじめ、弟子や信者が集まって悲しんでいます。

中国の漢訳仏典『根本説一切有部毘奈耶雑事《こんぽんせついっさいうぶびなやぞうじ》』というお経の注釈的な書物のなかに、こんな一節があります。お釈迦さんが亡くなるという時に、ある王様に、釈迦の生涯を絵画に描いて伝えるようにいわれたので、その弟子はこの絵を示して釈迦の涅槃を知らせたというのです。

中国における「仏伝図」は、中国に仏教が伝来し、仏像も伝わった時点から始まったと考えられますが、現存の「仏伝図」はあまり残っていません。そのなかで敦煌莫高窟の「仏伝図」に絵巻を連想させるような北周時代の仏伝図が二九〇窟の天井に見られます。「涅槃図」のように、一場面だけに限定した図版もあります。隋代になると、「涅槃図」は説話的要素が強調され、涅槃の釈迦のまわりに仏弟子や菩薩が描き出されています。中国では釈迦の一代記を描いた「八相図」形式は定着せず、一場面だけの「涅槃図」が中心になっていったようです。

韓国では逆に、単独の「涅槃図」ではなく、「釈迦八相図」が多く残されています。韓国の仏教寺院には八相殿、捌相殿という殿閣があり、そこに「釈迦八相図」が奉安されています。

絵解きの題材としてもう一つ「地獄絵」があります。

地獄は地下深くにあり、苦しみの極みの世界とされています。三悪道、五趣、六道、十界といったもののうちのひとつで、閻魔大王以下の十王が支配し、配下の冥官や獄卒たちが、罪人に拷問で苦しみを与える世界だと考えられてきました。

地獄の様を描いた「地獄変」は、インドのガンジスから南に下ったデカン高原にあるアジャンターという石窟寺院の壁に描かれた「五趣生死輪《ごしゅしょうじりん》」があります。

鬼の顔をした想像上の動物が腹部に五つあるいは六つに分けた円環を抱いているので、「五趣生死輪」あるいは「六道輪廻図」というのですが、このような「地獄絵」はすでに五世紀には存在していました。

中国では唐代の長安や洛陽にある寺院の壁に描かれました。仏教が隆盛だった当時の寺院には仏殿や仏塔の内外に描かれていて、絵解きされたであろうと思われます。

朝鮮半島にも仏教寺院には「地獄絵」のひとつ、「十王幀」と呼ばれる「十王図」があります。『高麗大蔵経』「華厳経変相板」の一図には、アジャンター石窟寺院にみられる「五趣生死輪」図も存在することから、インドから中央アジアや東アジアにかけて広く伝播していったことがわかります。

絵解きの今昔

我が国における絵解きのはじまりは定かではありませんが、文献からは、平安時代の中ごろ「中務卿親王と共に洛南深草の貞観寺に赴き、太政大臣堂の柱に描かれた「釈迦八相図」の絵解きを座主から視聴した」という記録が、重明親王の日記『李部王記《りほうおうき》』の九三一年（承平元）九月三十日の記事にみられます。

絵解きに関するこの時代の文献資料はきわめて少ないのですが、もともとは寺社の宣伝のためにはじめられました。古代における絵解きは皇室や貴族などごく少数の上層者を対象に、高層自ら堂塔内の壁画や障屏画《しょうへいが》を説き語るものだったようです。

それが鎌倉時代になると、絵解きの様相は大きく変わります。専属の演者、絵解き法師が登場してきます。身分の低い僧侶です。かれらは寺院や神社の内外で多数の人々を相手に説き語るようになっていきます。庶民を相手にするようになっていくと、段々芸能的になってきます。まさに、語り手と聞き手の変容は、絵解きそのものの通俗化、芸能化を急速に推し進めることになったといえます。

堂塔内の壁画や障屏画を踏襲した掛幅絵《かけふくえ》が、絵巻とともに多用されたのも鎌倉時代になってからです。掛幅絵は携帯に便利であり、一度に大勢の人々が鑑賞し得る形態だったからです。

「釈迦八相図」、「聖徳太子絵伝」に加え、鎌倉時代には「当麻曼荼羅《たいままんだら》」、「法然上人絵伝」、「本願寺聖人親鸞伝絵」、「蓮如上人絵伝」、「善光寺如来絵伝」、「地獄絵」、「十王図」などの絵解きが盛んに行われました。

これは（**図1**）、「本願寺聖人親鸞伝絵」の制作風景です（『慕帰絵』より／十四世紀／西本願寺蔵）。浄土真宗の宗祖親鸞の三十三回忌の翌年、知恩報徳のため、覚如が自ら選述した詞書を手にしつつ、絵師の康楽寺浄賀に上下二巻の絵巻を描かせました。絵巻制作の場面として貴重な絵画資料です。

寺社とは別に、貴族の邸宅内や、辻・広場などで絵解きを生業（なりわい）とする者、いわゆる俗人絵解きも登場

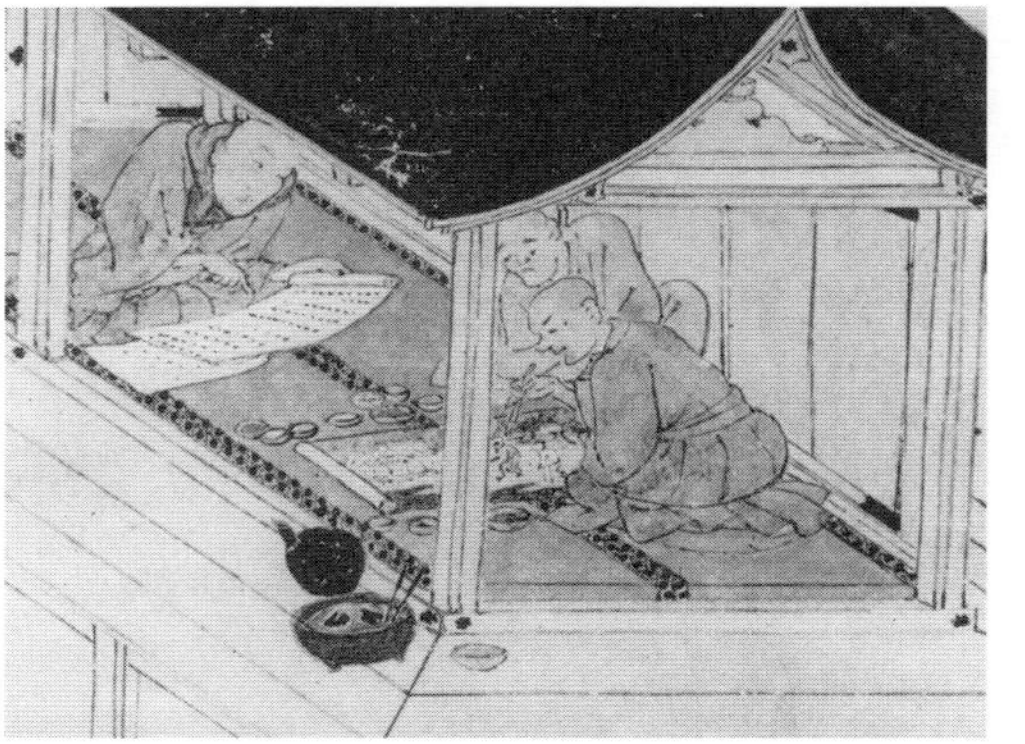

図１　絵巻制作の場面（西本願寺蔵『慕帰絵』）

図２　俗人絵解きの場面
（幸節家蔵『三十二番職人歌合』絵巻）

してきます。伴奏に琵琶を用い、非業の死を遂げた英雄譚などの類を説きました。これは（図２）、俗人絵解きを描いたものです。

以下に、絵解きの具体的な例として、熊野比丘尼《くまのびくに》の絵解きを上げてみたいと思います。

室町時代後期になると熊野比丘尼が登場、著しい活躍をみせます。熊野比丘尼というのは、女性宗教家であり、女性芸能者でもあった人たちです。勧進比丘尼《かんじんびくに》、絵解比丘尼とも呼ばれ、毎年暮れから正月にかけて熊野の山に年籠りして、伊勢に詣でたあと、廻国あるいは特定の場所で熊野神社が発行した熊野牛王札《くまのごおうふだ》など熊野三山で配布される守り札を配ります。その折に絵解きをし、ササラを手に美しい喉を聞かせたりして、熊野信仰を広める役割を果たしていました。

熊野比丘尼の得意な業が女子供を相手に「地獄極楽図」とか「熊野観心十界曼荼羅《くまのかんじんじっかいまんだら》」の絵解きでした。絵を通して自分のこしかたゆくすえを考えて、どんな往生の仕方をしたらいいか。どうやったら極楽へ行くことができるかといった興味が多くの関心をあおったのでしょう。

これは「熊野観心十界曼荼羅」（図3）を絵解く熊野比丘尼が描かれたものです（「住吉神社祭礼図」）。リアルな芸態を伝える貴重な一図です。

住吉大社の太鼓橋の橋詰で、白頭巾で髪を隠し白小袖に前結びにした白帯という恰好で、左膝を立てて坐り絵に向かっています。口元は半ば開き、右手に細い木の枝でつくった楚《しもと》を持ち、「熊野観心十界曼荼羅」の「心」の文字を指しています。まさしく絵解きの真っ最中といった光景です。画中、上部左右に日輪と月輪を配し、その下に半円形の人生の階段図、「心」の文字の下には閻魔王庁や火炎車、血の池地獄など、地獄の諸相を中心に六道の世界が描かれています。

図3　絵解きする熊野比丘尼
（アメリカ・フリア美術館蔵「住吉神社祭礼図」）

熊野比丘尼の後ろには牛王札や護符などを収める絵筥《えばこ》も見えます。熊野比丘尼の右脇には剃髪姿の小比丘尼がひとり、左手に勧進柄杓《かんじんびしゃく》を持って従っています。

彼女たちの周囲には、五人の女性が立ち姿で絵解きを見聞しています。中央後ろ姿の女性は幼児を左肩に乗せ、もうひとりの幼女を左脇に従えさせています。残る女性たちは皆、被衣《かづき》を被っています。画面向かって右側には被衣を上げて見入っている女性たちの肩越しに、長キセルを肩にした若衆も覗き込んでいます。

絵解きするものとそれを見聞きする者たちが一ヵ所に描かれている、絵解きの場を考えるうえで大変重要な絵画だといえるでしょう。

熊野比丘尼は主として室町時代後期から江戸時代にかけて活躍をしましたが、彼女らの多くは途中から歌比丘尼、浮世比丘尼と称される、歌と売色とを生業とする身となっていきました。

明治以降、ビジュアル・コミュニケーションの具たる絵解きの衰退は著しく、絵解きに使用された説話画や台本などは破損、散逸してしまいました。現在まで生き残った絵解きの大部分は、寺社に関わるものです。

※参考文献　林雅彦著『日本の絵解き』、『絵解きの東漸』

（二〇一二年十一月二日）

（2）日本文化の成熟

日本の伝統文化といわれる根幹は、中世の鎌倉・室町時代に基盤がつくられた。その方法は、大陸の影響を受け入れながら、古いものを切り捨てることなく、新しいものと共存させるというものであった。そうして形態を調えた日本独自の文化は、江戸時代に受け継がれ成熟した形を示す。

①聲明〈講師：木戸敏郎（京都造形芸術大学教授）・即真尊龗（天台宗総本山比叡山延暦寺法儀音律研究部）〉

聲明《しょうみょう》は奈良時代から平安時代にかけて仏教とともに中国の唐経由で日本に入ってきた声による音楽である。

最も古くて最も新しい伝統音楽

聲明という仏教の声楽について、天台宗・魚山聲明《ぎょさんしょうみょう》の四箇法会《しかほうえ》を例にして説明します。奈良時代に仏教と一緒に中国から伝来した外来音楽ですが、もともとはインド起源で、音楽と言うより上流階級の教養でした。古代バラモン階級には五つの教養科目がありました。正しい言葉遣いのための音声学の聲明のほかに、内明《ないみょう》＝心理学・因明《いんみょう》＝論理学・医方明《いほうみょう》＝医学・工巧明《ぐぎょうみょう》＝工学の五つで五明といいます。仏教の経典を聲明で唱えたので、聲明といえば仏教音楽を指すようになりまし、仏教といっしょに中国へ伝えられて中国風になったものが日本へも伝えられました。

この来歴を示すものとして、現在日本に伝承されている聲明の中にもサンスクリット語（梵語）で発音する曲＝梵讃《ぼんさん》や古い中国語で発音する曲＝漢讃《かんさん》がそれぞれの音楽的特色を残しながら伝承されています。

聲明という用語は中国でつくられたもので、サンスクリット語の「シャヴダ」sabuda（音声）と「ヴィッヅヤ」vidya（規則）を意味したものです。古い文献に「摂拖芯駄」と書いたものがありますが、これはジャブダーヴィッヅヤを漢字で音写したものらしいです。

日本で作られた曲もあります。日本語で「和讃《わさん》」といいます。今では和讃も含めて聲明といっていますが、本来は聲明とは梵語、漢讃などの外来曲のみを指す名称で、それも天台宗と真言宗の主要は派だけで使われている用語でした。宗派によっては引聲《いんぜい》といったり、梵唄《ぼんばい》といって統一した用語ではありませんでした。仏教の経典を朗唱する声楽すべてを包括する用語として聲明という名称を使用したのは、私が一九六六年（昭和四十一）に国立劇場開場記念公演で初めて聲明コンサートとして紹介して以来のことで、この公演がきっかけとなって聲明という伝統音楽が広く世間に知られるようになりました。日本だけでも一三〇〇年、古代インドまでの歴史を加算すると数千年の歴史が堆積しているこの伝統音楽が世間に認知されるようになったのは、この数十年のこと、最も古くて最も新しい伝統音楽です。今では特に現代音楽の視座から注目されています。

（木戸敏郎）

音階と旋律が重要

仏様をたたえるお経に独特のフシ付けがなされる声楽曲をひとまとめにして聲明といっています。聲明は音階と旋律が重要です。

西洋音楽の一オクターブとおなじ、厳密にはピッチが違いますが、東洋も西洋も同じ仕組みになっています。一オクターブ十二音で構成されています。洋楽のドレミに相当する名前が、壱越《いちこつ》、断金《だんぎん》、平調《ひょうじょう》、勝絶《しょうぜつ》、下無《しもむ》、双調《そうじょう》、鳧鐘《ふしょう》、黄鐘《おうしき》、鸞鏡《らんけい》、盤渉《ばんしき》、神仙《しんせん》、上無《かみむ》です。

洋楽はドレミファソラシドですが、東洋はこの十二音階を基本に音楽を作ります。

聲明はこの中から五つの音をとり出してきて音楽をつくります。それが宮《きゅう》・商《しょう》・角《かく》・緻《ち》・羽《う》の五つの音階です。これを五音《ごいん》といいます。

この五音のとりかたに、呂曲と律曲と中曲という三通りがあります。洋楽にハ長調やニ短調などの調子があるのと同じです。

もうひとつ大事なことは旋律です。音のめぐり、旋律です。洋楽は♪を配して高い低いで作曲しますが、聲明はきめられた小さな音の塊があってこれを旋律形といいます。これがだいたい四十ぐらいあります。これがいろいろ組み合わさって聲明音楽を形成します。天台聲明を伝承する場合、旋律形をいかにマスターするかが重要視されます。

旋律形は「イロ」・「マクリ」・「マワシ」・「ユリ」などがあります。

例えば、「ユリ」という旋律形は曲の骨格を作るという意味で重要です。ユリは先ほどの五音のうちの、「宮」と「角」にしか使われません。

（即真尊龗）

音符ではなく「博士」

これは、聲明の譜面です。声による音楽ですが、五線譜と定量音符で表わすようなメロディではなく、「博士」という聲明独自の記譜法で表します。「ハカセ」と発音していますが、古くは「フシ」と発音したようです。

古博士、本博士ともいいますが、漢字の四声点から発展した記譜法です。聲明のフシが言葉の発音から始まった原点を案じする重要な記譜法ですが、天台聲明では現在は使用されていません。

フシの様子をグラフィックに表したものを只博士、目安博士ともいいます。天台聲明は、現在ではこれが一般的に使用されています。特別なものではないから只博士と呼ばれています。

グラフィックな図形の脇に音階（宮・商・角・徴・羽）や旋律形（イロ・マクリ・マワシ・ユリなど）の名称が記入されています。

声の音域は人によって個人差があり、各人各様で一様ではないから、旋律の姿を提示するにとどめて音高は各人の声の音域にゆだねたものです。現在では「宮」の音を何の音で採るかは師伝であり、教わりながら自分で記入します。音から音へ移行する過程の「塩梅《えんばい》」を教わります。正しい音程よりは低い声を出し始め、音程を徐々に上げて程よく正しい高さに決めていくというもので、程よい加減＝塩梅なのです。

音の採り方は師伝によって相違があります。それぞれ特徴があってどれが正しくどれが誤りということはありません。「博士」の背後にある声の情報量を読み取って、いかにして自分の声で表していくかが聲明の伝統の継承です。

（即真尊霤）

「四箇法会」

天台宗は皇室が崇拝する宗派でしたから聲明は雅楽と交流があり、その音楽理論には雅楽の理論が強く影響しています。その中で中心をなすのが魚山《ぎょさん》＝大原で伝承された聲明です。その実例として四箇法会《しかほうえ》を例にあげて説明しましょう。

四箇法会は法会の最もオーソドックスな形で、天台宗、真言宗ではごく一般的に、その他の宗派でもこれを略式にしたような形の法会が広く行なわれています。奈良時代の東大寺大仏開眼供養の際の法会が記録によると「四箇法会」とは記載されていませんが、実質的にはこの形であったことがわかります。

この形とは、唄《ばい》、散華《さんげ》、梵音《ぼんおん》、錫杖《しゃくじょう》の四つの曲を基本構造にして、これに法会の趣旨に添うものを追加した構造です。四つの曲を基本構造にしているから四箇法会といいます。

四曲中もっとも重要なのが、「唄」です。これはもっとも神聖な曲です。天台聲明では秘曲とされていて、許可《こか》をうけていなければ唱えることはできません。なぜ神聖かといえば、「唄」という文字をよくとればわかります。文字の原則からいえば口扁《くちへん》は擬音をあらわし、旁《つくり》は擬音の実態をあらわしますから、「唄」とは貝（法螺貝）の音を声で真似たものということになります。法螺貝は人為的に音階をコントロールできるものではなく、貝の持っている音を響かせる人智を越えた超越的な音で、宇宙万物を象徴します。この法螺貝の擬音で経典の一節を引用して唱えるのが唄です。

この秘曲のために天台宗魚山が聲明では「唄匿《ばいのく》」という特殊演出が行われています。この演出は次の散華《さんげ》とかかわりがあります。

散華は花を撒いて会場《えじょう》を浄め仏の降臨をうながす曲で、現在では紙で作った花弁の形の散華を撒きながら唱えますが、本来は時花《しけ》と呼んでその季節の宝物花を撒いたものです。仏教には時間の観念が強く、季節ごとに移ろう花を生命力と評価します。神道は空間の概念が強く季節ごとに移ろう花を嫌い、常緑樹の榊を尊びます。本来の趣旨からすれば散華の花は時花であるべきはずですが、今では紙の代用品で済ませています。

四箇法会の基本構造はまず唄が独唱であって、次に散華が合唱で唱えられるべきです。ところが唄匿の演出では唄の独唱が始まるとすぐに脇で散華の合唱が覆いかぶさるように始まります。唄は独唱、散華は合唱、音量の差は圧倒的で唄はよく聞こえません。隠れてしまうから唄匿と呼ばれるもので、神聖な唄を顕わに出すのではなく、わざと散華の陰に隠した演出です。高音の散華の合間から漏れ聞こえる低音の唄は憎い演出です。

散華には対揚《たいよう》という曲が付随します。これは教義上はそれほど重要な内容ではありませんが音楽的には華やかな重要な曲です。対揚の構造はまず歌詞が詩の形式で対句になっていて、頭《とう》＝ソリストと、同音《どうおん》＝合唱とが同じフレーズをワンテンポずらせて追っかけっこするように（これを次第取りという）、洋楽でいえばカノン形式で歌います。対揚とはこの様子を表現した語、歌詞の構造が音楽構造に反映した非常に成功した例です。

このあと梵音と錫杖が続くことになっています。梵音（仏の声を唱える曲）は旋律が散華とよく似た曲で重複を嫌って省略することが多く、錫杖は錫杖というじゃらじゃら振り鳴らす楽器をならしながら唱える曲です。梵音と錫杖の二曲を省略して唄、散華の二曲でも四箇法会と呼ぶのが一般的です。

（木戸敏郎）

◆実演：天台宗総本山比叡山延暦寺法儀音律研究部

・実演にさきがけ、「律」と「呂」の唱え方の違い、ユリの表現などを即真尊灩大僧正自身による実演。
・ワークショップでは、受講生全員で声に出してユリの唱え方を体験。

実演は「四箇法会」の略式版として、次第取りなど特殊演出による「略四箇法会」。天台聲明独自の演出による実演。

入堂讃　十方念仏（しほうねんぶつ）
列讃　四智梵語讃（しちぼんごのさん）
唄匿　唄　次第取り・行道
散華　次第取り・蹲踞礼

対揚

表白

（梵音）　省略

錫杖　　切声

（二〇〇八年四月二十八日）

②文弥人形〈講師：道下甚一（東二口文弥人形浄瑠璃保存会会長）〉

文弥《ぶんや》人形の上演地は全国で四箇所ある。そのうちのひとつ、東二口文弥人形浄瑠璃保存会の人形芸は、石川県白山市（旧尾口村）の東二口集落で伝承されている。文弥人形は江戸時代の人形浄瑠璃の影響を受けて成立しているが、人形の操法は一人遣いであり、大陸から渡ってきた技術が日本に保存された人形芸の原型としてとらえることができる。

文弥節の流れをくむ人形芸

東二口《ひがしふたくち》という小さな集落からきました。石川県で一番小さな村、そのなかでも東二口は、山間の豪雪地帯で、集落は現在十四戸、人口三十人という限界集落をこえたようなところです。それほど小さな村で三五〇年にわたって奇跡的に残り伝承されているという芸能です。男性のみが世襲制で演じていましたが、今は広く門戸をひらき、地域の子供たちへの普及活動も行っています。

文弥人形のはじめは、今から三五〇年ほど前に、東二口集落の若者が京都や大坂に出向き、学門のかたわら、当時流行していた人形浄瑠璃を習い覚え、それを村に持ちかえって教えひろめたのが起源と伝えられています。

伝承者として、「了教三郎太夫、中屋三郎兵衛、出口信教、表久左衛門」の名前が伝わっています。以来、村では演者も観客もみんなこの人形浄瑠璃に夢中になり、それまで酒や博打に明け暮れていたような者たちも例外なく、一切賭け事をやらなくなったといいます。山村の厳しい暮らしのなか、農閑期の貴重な娯楽としてまた、旧正月を祝う催し物として、人々に深く愛され今日まで伝わってきました。

文弥人形の「文弥」というのは十七世紀後半の大坂の浄瑠璃を語る太夫岡本文弥のことで、文弥の泣き節ともいわれた哀愁に満ちた語り口でかなりの人気がありました。東二口文弥人形浄瑠璃は、その文弥節の流れをくみ、村人たちが代々受け継いできた人形浄瑠璃です。

元禄期（一六八八〜一七〇三）以降、現在の「文楽」へとつながる「竹本義太夫」の浄瑠璃「義太夫節」が次第に他の流派を圧倒する人気を得るようになりました。他の流派は上方では衰退し、地方へと伝わったものと思われます。

現在「文弥節」と称する人形浄瑠璃は、新潟県佐渡市、石川県白山市（旧尾口村）、宮崎県都城市（旧山之口町）、鹿児島県薩摩川内《さつませんだい》市（東郷町斧渕）のわずか四箇所にしか残っておらず、いずれも古風で貴重な芸能です。

伝承演目

東二口文野人形浄瑠璃が現在まで伝承している演目は、『源氏烏帽子折《げんじえぼしおり》』、『門出屋島《かどいでやしま》』、『出世景清《しゅっせかげきよ》』、『大職冠《たいしょくかん》』、『酒呑童子《しゅてんどうじ》』、『嫗山姥《こもちやまんば》』の六演目のみです。『嫗山姥』は近年上演していません。『大職冠』、『酒呑童子』以外は近松門左衛門の作品、『門出屋島』は津戸三郎の改作です。

近松門左衛門といえば、一般的によく知られる『曾根崎心中』や『心中天の網島』などの、実際の事件を題材に当時の町人社会の施錠を大胆に取り入れた世話物といわれる浄瑠璃は、文弥人形には伝わっておらず、史実や伝説の物語を題材に脚色、創作した英雄や豪傑的な役柄が登場する時代物といわれる浄瑠璃ばかりが伝承されています。山村の人々にはこの方が受け入れやすかったのかもしれません。

文弥人形最盛期には四十以上の演目があったといわれています。明治期に入って、二十演目ほどが上演されていましたが、その後、北海道への集団移住と戦後の過疎化により、百軒ほどあった集落の戸数は激減し、上演可能な演目も減り続け、今日に至っています。

現在保存会会員は、今では戸数わずか十六戸の東二口集落の出身者のみで構成されており、二十代から七十代まで全員で十二名です。会員でもすでに集落を離れた者が多く、今後、新たなメンバーが加わる可能性は非常に低いというのが現状です。

演目を完全に演じるには本来二十名程度の人手を必要とします。また、一人前の芸を披露するには人形遣い、浄瑠璃太夫ともに、長年の習練と経験が必要であり、先人の芸を守り伝えていくことは厳しい現状となっています。

人形は一人遣い

人形の構造や操り方は、一人遣いで十七世紀中盤、近松門左衛門時代の古い形式を受け継いでいます。今日の文楽にみられる浄瑠璃・三味線の卓抜した技法や三人遣いの人形による繊細かつ情感あふれる至高の芸と比較すると、実に素朴で単調なものです。しかし、当時さながらの舞台で古風な響きのある浄瑠璃にあわせて、時には激しく、また、時には優しく人形遣いが物語の役になりきって舞う様を眺めていると、次第に物語世界へといざなわれ、昔日の人間たちの怒り・喜び・悲しみ・忠節心・家族愛などの思いが、観るものの魂に、時代を超えて生き生きと伝わってきます。

木偶《でく》の舞

人形がどういうふうになっているか、人形の動かしかたを説明します。人形は芯串に肩板にそして首《かしら》をのせる、裾から手をつっこむ、両手総つっこみ式肩板形式の一人遣いです。

左手で芯串を持ちまして、右手を肩板に添えて、人形の左手はぶらりのまま、右手は扇子を持つときなどは使います。人形をまわすときは左手のひじをわきばらにしっかりつけ、人形が左へ行きたいときはまず遣い手の体が先に行きます。人形を身体に引き寄せ、曲にあわせて足拍子を踏みながら、全身で人形を操ります。

当地に伝わるのは「木偶《でく》の舞」といわれます。この人形に私が遣われる、踊らされるという意味です。

足の使い方ですが、幕からでてくるとき、足をあげる回しあげ、おろすときは回しおろしという使い方をします。

本日実演でお見せする『出世景清』に登場する阿古屋の場合は、足をあげたりおろしたりせず、地につけたまま人形をまわします。悪役の伊庭十蔵は、特殊な足の使い方をします。両足を同時に踏みならしながら、人形をまわします。足踏みをする攻めの足（トトンのトン、トトンのトンという踏みかた）、舞の足など独特な足使い、足踏みが文弥人形の操法上の特徴です。


浄瑠璃の語り節も同じ道行でも女の道行の節、男の道行の節、船道行の節があり、全部で語りの節は三十四種類、これが先輩からの口伝として伝わっています。

◆実演：東二口文弥人形浄瑠璃保存会

・三番叟（開幕にあたって必ず演じられる祝儀曲）
・口上人形
・浄瑠璃の語り節
・人形の遣い方

・『出世景清』二段目

・花誉め（閉幕にあたって、来場者に対するお礼の意味をもつ口上）

※『出世景清』二段目　あらすじ

京都に逃れた景清は平家全盛のころ、密かに愛した遊女の阿古屋が清水寺の近くに弥石・弥若の二人の男児と共に住んでいたので、そこに身を隠そうと訪ねていく。阿古屋は突然の再開を喜びながらも、便りのなかったことや、おのの姫のことをなじるが、景清はうまく取り成し、清水寺の参詣に出かけていく。そこへ、景清を捕えて勲功に与ろうとする阿古屋の兄・伊庭十蔵が現れ、景清を教え、訴人するように阿古屋をそそのかす。阿古屋は断るが、そこへおのの姫から景清に宛てた手紙が届く。手紙の文面に激怒し、嫉妬心から兄に訴人をたのんでしまう。清水寺にいた景清は訴人した伊庭十蔵と江間の小四郎（北条義時）が率いる五〇〇騎の捕り手に攻められるが、なんとか旧知を切り抜け、東路へ逃げのびる。

（二〇一四年十月六日）

③人形浄瑠璃〈講師：森谷裕美子（京都造形芸術大学非常勤講師）〉

人形芸は江戸時代にもっとも発達した。人形浄瑠璃は江戸時代を代表する芸能で、三味線の伴奏で語る浄瑠璃にあわせて人形を遣う。はじめは「一人遣い《ひとりづか》」だったが、やがて「三人遣い《さんにんづか》」の操法を完成する。

人形の構造

文楽の舞台を見ると、芝居の中の主要な役割を演ずる人形が人間によって操られていることに気づきます。一体の人形を三人で操ること、これを「三人遣い」と言います。言い換えると文楽では、一つの人形を操るには三人の人間が必要、ということになります。この「三人遣い」は文楽の大きな特色の一つであり、世界の人形芝居の中でも、大変珍しい操り方であると言われています。

「三人遣い」の役割は以下のようなものです。

まず「主遣《おもづか》い」が、人形の腰のあたりから入れた左手で首《かしら》と呼ばれる頭の部分を下から持ち、右手で人形の右手を遣います。「左遣《ひだりづか》い」は、右手で人形の左手を持ちます。人形の左手には、差し金という長い棒が付いており、左遣いはこれを持ちます。差し金があることにより、左遣いが人形から多少離れることがあっても遣いやすく、人形の動きも大きくなり、より自由がききます。「足遣い」は中腰の姿勢で、両手で人形の両足を持ちます。

人形の構造は単純にできています。肩板と竹製の腰輪を布でつないだ空の胴と肩先からつるされた手と足がついているだけです。女性の人形には、原則的に足がありません。肩板の両端には肩の丸味を出すために糸瓜《へちま》がつけられています。その上から衣裳を着せていきます。人形のかしらも目、眉、口など動くように仕掛けがされているものがあります。

また、芝居の中で端役を演ずる人形は、一つの人形を一人の人が操っています。いわゆる「一人遣い」の人形です。一人遣いの人形はツメ人形とも呼ばれ、三人遣いの人形ほど精巧な動きはできませんが、一つ一つの人形に描かれた顔の表情がユニークで可愛らしいものです。

このように、一口に文楽の人形、といってもバラエティーに富んだものであることが、よくわかります。このような操り方は、どのように生まれてきたのでしょうか。

一人遣いから三人遣いへ

竹本義太夫が竹本座を旗揚げし、近松門左衛門が作品を書いていた江戸時代の前期、一六八四年（貞享元）頃、人形は一体を一人で遣う「一人遣い」でした。義太夫や近松が劇界で活躍をする以前、今では「古浄瑠璃《こじょうるり》」と呼ばれ、義太夫節が誕生する前の時代も人形は一人で遣われていました。

三人遣いの最も早い例は一六八八年（元禄元）頃の成立かと言われる「役者絵づくし」の中の「説経孫四郎座」の挿絵に見られます。二体の人形が六人の人物によって操られているのです。しかし、この図の三人の分担は、現在の文楽と異なると考えられています。文楽では、三人遣いの分担は「主遣い」「左遣い」「足遣い」となっています。「主遣い」は人形の首（頭の部分）と人形の右手、「左遣い」は人形の左手、「足遣い」は人形の足を遣います。しかし「役者絵づくし」「説経孫四郎座」の絵は、人形の頭を遣う役、人形の両手を遣う役、人形の足を遣う役に分担されているように見えるのです。従って、三人遣いではあるものの、現在の「主遣い」「左遣い」「足遣い」の操り方に直結するものとは考えにくいとするのが通説のようです。ただ「役者絵づくし」以外にも、元禄期にすでに一体の人形を複数の人間が使うと伝える資料がありますので、三人遣いが生まれてくる素地は、江戸時代前期からあったと考えてよいでしょう。

もう一つ、人形の操り方で現在と違っているのは、人形の裾から手を入れて遣っていることが多いことです。文楽では人形の背後、腰のあたりから手を差し込んでいますが、江戸時代に描かれた舞台の人形の図では、たいてい裾から手を突っ込んで、人形を人間よりも高く差し上げるような姿勢で遣っています。ただ、館や家の中に居るような場面では、人形の背中から手を入れて遣っているように見える挿絵もあります。人形の見せ場となる道行などでは、裾突っ込み人形が多く使われ、その絵が今に多く残されているのではないでしょうか。年代を確定することは、なかなか難しいのですが、裾突っ込み人形だけの時代から、背中からの差し込み人形も併せて用いられるようになったのではないかと思います。

三人遣いの始まり

いまの文楽に結びつく「三人遣い」の始まりと言われているのは、一七三四年（享保十九）に大坂の竹本座で上演された『蘆屋道満大内鑑《あしやどうまんおおうちかがみ》』という作品です。

物語は、安倍保名《あべのやすな》が葛の葉姫と夫婦になり、葛の葉姫は安倍の童子を生みます。ところが葛の葉姫は、実は以前に保名が助けた狐でした。正体を明かした狐は、保名や童子と別れて信田の森へ帰ります。そして、安倍の童子は後に安倍晴明《あべのせいめい》となる、というものです。この作品の中に、二人の奴《やっこ》が登場する場面があります。与勘平《よかんぺい》という奴です。与勘平は、もともと一人のはずなのに、なぜかもう一人、そっくりな人物が出てきます。実は与勘平にそっくりの奴は、狐が化けているのでした。

この与勘平の人形が、三人遣いの始まりであると伝える資料があります。一八〇一年（寛政十三）に刊行された『浄瑠璃譜』という本には「蘆屋道満大内鑑などは人形遣いが大変上手になり、与勘平、弥勘平の人形では、足、左は他の人に遣わせて、人形の腹が動くようにこしらえはじめた。これを人形操りの三人遣いの始まりだという。」という意味の言葉が書かれています。この記事を信じれば、三人遣いが始まったのは『蘆屋道満大内鑑』が初演された一七三四年（享保十九）ということになるでしょう。ただ『浄瑠璃譜』は、一七三四年（享保十九）から六十七年後の資料です。三人遣いが始まってから六十七年間も、三人遣いの始まりに触れた資料が今のところ見つかっていない、というのは理解しがたいように思われます。

『蘆屋道満大内鑑』と『浄瑠璃譜』との間を埋める資料としては、文楽に関する記述ではないのですが、現在の愛知県知立市の『中町祭礼帳』があります。『中町祭礼帳』は祭礼における芸能について書かれたもので、一七六二年（宝暦十二）の記事として「人形おどり新道成寺」の「さしがね人形」の役割として「頭右」「左手」「足」という分担が示されています。これは文楽の「主遣い」「左遣い」「足遣い」に通じるものであり、祭礼の人形にも三人遣いが普及していたことをうかがわせます。

また一七七七年（安永六）『当世芝居気質《とうせいしばいかたぎ》』という浮世草子には三人遣いの挿絵が見られます。一七六五年（明和二）に初演された『蘭奢待新田系図』の一場面を描いたものです。

このようなことから、恐らく遅くとも一七五一年から一七六三年の宝暦年間には、三人遣いは定着していたのではないかと考えられるのです。

一人遣いとの併存

一方、それまで主流を占めていた一人遣いは、どうなったのでしょうか。『蘆屋道満大内鑑』以降、すぐに三人遣いが、それまでの一人遣いを衰退させ、主流に取って代わったとはあまり考えられません。現在の文楽では、人形遣いは足遣いから修行をはじめ、左遣いをへて、主遣いになるまで二十年から三十年はかかる、と言われています。現在と全て同じようには考えられないかもしれませんが、江戸時代でも、やはり三人遣いが定着するまでには、ある程度の時間がかかったものかと思われます。『蘆屋道満大内鑑』に登場する与勘平は、普通の人形というよりは、「腹が動く」ような特殊な人形として三人で遣われたようです。

人形について数多くの論考を著した角田一郎氏は「三人遣いと一人遣いは併存していた」と指摘しています。実際に、一人遣いを描いている資料が、一七七一年（明和八）まで残されているのです。一七七一年は、『蘆屋道満大内鑑』から三十七年後にあたります。その年に豊竹座で上演された『角額《つのびたい》嫉《ねたみの》蛇柳《じゃやなぎ》』の絵尽し（芝居のあら筋を絵を中心にして構成した本）には、道行《みちゆき》で一人遣いの人形を遣う人形遣いの絵が載っています。したがって絵尽しに描かれた絵をそのまま信じるならば、『蘆屋道満大内鑑』の後もしばらく一人遣いは行われていて、道行などでは一人遣いが主役として活躍していたのでしょう。前に記した通り、今の文楽には一人遣いが残されていて、端役を演じています。

このように見てくると、『蘆屋道満大内鑑』の後も一人遣いと三人遣いが併用されている期間が長く続き、一人遣いから三人遣いへの転換は、ゆるやかになされた、と推測されます。それで三人遣いの始まりについて記した資料が少なく、あまり目にすることができないのではないかと考えられるのです。

二人遣い

一人遣いから三人遣いへ、という流れを考える時「一人遣いから一度に三人遣いになったのだろうか」という疑問がついてまわります。一人遣いから、いきなり三人遣いは生まれるのでしょうか。あるいは、その間に二人遣い、というものが存在したのでしょうか。

現代も地方に残る人形芝居で、二人で一体の人形を遣うものがあります。埼玉県秩父の白久串《しらくくし》人形。また山梨県甲府市の天津司《てんづし》の人形も二人で遣うことがあるようです。また、諏訪春雄氏によれば、中国北京には、二人遣いの人形芝居があるそうです。

日本の江戸時代の話に戻ると、「松平大和守日記」一六九一年（元禄四）七月二十九日の条に小山次郎三郎、吉右衛門の親子二人が一体の人形を遣っているような記述が見られます。また一八〇〇年（寛政十二）頃の『戯場楽屋《しばいがくや》図絵《ずえ》』の人形の「弓手」の説明に「弓手は二人かかりの時か　又は碁盤人形などに用るところなり」と書かれています。「二人かかり」というのは「二人遣い」のことだと解釈されます。つまり「左手は二人遣いの時か、または碁盤人形などに使うのである」という意味になるかと思います。人形を二人で遣うこともあったようです。

二人遣いが人形操法の歴史の中で隆盛を極めたことはなさそうですが、少なくとも江戸時代にはあり、今も地方の人形芝居に点在し、中国大陸にも存在することがわかりました。

そして、現在文楽の開演十五分前に上演される、幕開き三番叟。これも二人遣いです。残念ながら、幕開き三番叟が一人遣いから三人遣いへといたる経過の形を示している確証はありませんが、二人遣いでも、三番叟は目を楽しませ、これから始まる舞台への期待を高めてくれます。

神と人とのあいだ

人形芝居のルーツをたどる時、日本での早い例として、「おしらさま」「古表《こひょう》人形」「古要《こよう》人形」が、まずあげられます。イタコが人形を舞わせる東北地方の信仰「おしらさま」。おしらさまは、もとは人間と馬でした。いろいろな言い伝えがあるようですが一説によれば、娘が同居していた馬と契り、怒った娘の父親は馬を殺しました。殺された馬は娘とともに天へと昇り、やがて父親の見る夢に現れて養蚕を教えた、といいます。馬と娘はこうして「おしらさま」として、一対の神さまとして祀られるようになりました。

また、福岡県古表神社の古表人形、大分県古要宮の古要人形にはさまざまな神さまが登場します。以前、両社はともに豊前の国にあり、宇佐八幡の末社でした。宇佐八幡の放生会に船上で人形が操られたということです。両社の人形には、さほど大きな違いはなく、さまざまな神が登場します。相撲人形では小さな住吉さま（住吉大神）の人形が、大きな体の祇園さま（祇園大神）と相撲をとり、小さな住吉さまが勝つので、見物している人々から大きな喝采があがります。

「神さま」というものは、現実の世の中では、実体のつかめないものです。生身の人間よりは、人形の方が表現しやすいのではないでしょうか。人形の方が、神さまが宿りやすいのではないでしょうか。人間が神さまになる、という物語は、人形浄瑠璃では、よく見られるものです。ことに江戸時代前期においては「本地物《ほんじもの》」といい、いろいろな神さまの由来が多く語られました。そして神さまの前身は人間であったことが多いのです。

文楽では、三人遣いという操法の熟練と発達とにより、人形はだんだん人間の動きに近づいてきました。木できた人形があたかも人間が息づいているように操られる様子を目の当たりにして、「あまりに素晴らしくて涙が流れた」という人もいます。文楽の人形が人々に感銘を与えるのは、本当に素晴らしく、すてきなことです。しかし、それは同時に人形が神さまから離れて行くことにもつながります。生身の人間、つまり現実の世界をリアルに演じるということは、ある意味で神性から遠ざかることではないでしょうか。

まことに不思議なことですが、ぎこちない動きしかできない素朴な人形の方が、神さまを表現するには適しているように思われます。技術、技巧が進み、人形がなめらかに動けば動くほど、それは神さまから離れて、人間そのものを表現しはじめるのでしょう。一人遣いのツメ人形は、神さまを演じていた頃の遠い記憶を今に伝えているのかもしれません。

※参考文献　人形舞台史研究会編『人形浄瑠璃舞台史』
諏訪春雄編『アジアの人形芸』

（二〇一三年十一月二十三日）

《3》東西に咲いた文化

日本の文化に江戸文化と上方文化があるように、伝統芸能にも東と西とでは違いがある。東と西が芸能にどのように表れているのか。東と西というバランスが崩れて、東京一極集中になってしまった今、改めて東と西の視点から芸能をとらえてみたい。

(1) 上方文化

西日本の芸能は、聲明、舞楽、能、狂言、御神楽、神楽、大念仏狂言、絵解きなど、大陸から伝来した芸能、王権あるいは天皇家を守るための芸能、仏教や神道の系譜を持つ芸能がさかんで、足を大地から大きく離さない所作を重視する、意識的に制御された舞の身体所作が中心である。

①和舞〈講師：木戸敏郎（京都造形芸術大学教授）・笠置侃一（春日大社南都楽所楽頭）〉

和舞《やまとまい》は、歌を伴奏に舞う日本固有の芸能である。

固有の歌舞

和舞は日本固有の歌舞のひとつで、春日大社だけのものです。起源は、大和の風俗舞で、『続日本紀』に河内大夫・従四位上藤原朝臣雄田麻呂が「和舞を奏した」とみられるように、古代にさかのぼることができます。幾度かの戦乱により途絶えていたものを、かろうじて春日社社家冨田家の秘伝として伝承されました。

桃園天皇の大嘗会《だいじょうえ》、天皇の即位後、天皇自らが初めて新穀を神々に供える祭事を再興したとき、時の関白一条兼香の命により宮中へ相伝するとともに、春日社では秘伝の制を厳守して、特別の祈願祈祷の際にのみ奉納されてきました。一八六四年（元治元）、春日祭の古儀復興に際し、社家富田光美によって再興され、年ごとの春日祭に舞われています。春日祭は宮中より天皇のご名代である勅使の参向を仰ぎ、国家の安泰と民の繁栄を祈ります。八四二年（嘉祥二）に始まったと伝えられ、一八八六年（明治十九）の旧儀再興で例祭日が三月十三日に定められました。葵祭、石清水祭とともに、三大勅祭のひとつです。

（木戸敏郎）

春日祭の和舞

雅楽の伝承を忠実に行っている南都楽所《なんとがくそ》で、国風《くにぶり》の歌舞として和舞を伝えています。和舞は春日大社のお祭で行われるものです。

宮中から勅使がみえて盛大に行われます。氏神様に対してお祭をするもので、平安朝からきちんと形式どおりに行われています。お祭が終わりましたあと、直会《なおらい》、これは神様にお供えした神酒、神饌をおろして勅使がいただかれる、そのときに和舞を神様に奉納します。場所は南門のむこうに舞殿があり、中の右側に勅使が祝詞を奏するところがあります。その前の庭に高倉天皇がお手植えになったリンゴの木があり、砂利を敷いたその庭で舞います。

現在、神主舞《かんぬしまい》が四曲、諸司舞《しょしまい》八曲および、進歌《すすみうた》、立歌《たちうた》、柏酒歌《かしわざけうた》、交替歌《こうかんうた》、神主舞前歌《かんぬしまいまえうた》などが伝えられています。

神主舞はひとりまたは二人で、諸司舞は四人または六人で舞われます。舞人は巻纓《けんえい》の冠に採物として榊の枝や桧扇を持ち、青摺《あおずり》の小忌衣《おみごろも》をつけ、虎皮の尻鞘《しりざや》で飾られた太刀を佩きます。諸司舞の四段以降は小忌衣の右袖をぬぎます。

歌方は和琴《わごん》、笏拍子《しゃくびょうし》、神楽笛《かぐらぶえ》、篳篥《ひちりき》および付歌、琴持でおこなわれます。

この作法は、

（１）舞台袖で和琴と神楽笛、篳篥《ひちりき》により、「音取《ねとり》」という短い曲を演奏。

（２）「進歌」により歌方と神主舞の舞人が舞台に進む。

「進歌」の詞章

少女《おとめ》らに　少男立添《おとこたちそ》ひ　踏鳴《ふみな》らす　西の都は　萬代《よろづよ》の宮

（３）「神主舞」が舞われる。

「神主舞二段」の詞章

御蓋山《みかさやま》　繁る高嶺の真榊《まさかき》を　中執《なかと》り持ちて　我ぞ舞わまし

（４）終れば「交替歌」。（神主舞と諸司舞が入れ替わるまで歌う）

「交替歌曲」の詞章

春日野に　斎《いつ》く三室《みむろ》の梅の花　栄えてあり待て　還《かえ》り来るまで

（５）一旦、神主舞の舞人がさがり、改めて諸司舞の舞人四人が登壇、諸司舞二曲、「二段　梅枝曲」、「四段　宮人曲」を舞う

「二段　梅枝曲」の詞章

白銀《しろがね》や　黄金《こがね》の梅か　花咲くや　神の殿戸《とのと》も　開かざらむや

「四段　宮人曲」の詞章

宮人《みやびと》の　大夜《おおよ》すがらにいざ通し　ゆきのよろしも　大終夜《おおよすがら》に

（６）「立歌」で舞人、歌方の順に舞台をおり終了となる。

「立歌曲」の詞章
皇神《すめがみ》を　吉日《よきひ》祭れば　明日よりは　緋《あけ》の衣を　褻衣《けごろも》に為《せ》む

（笠置侃一）

和舞の伝統

ここで和舞をはじめとする歌舞の国風《くにぶり》ならではの特色について考察しておきます。

まず歌舞《うたまい》ということ。これは雅楽（楽器の音楽）ではなくウタ（声楽）に合わせて舞う舞踊ということです。ウタは声による声楽で、声は息と関係があります。つまり呼吸がそのままフレーズに表れます。ワンフレーズを一息で歌いますから拍節はありません。雅楽は楽器という道具の音による音楽ですから拍節が表れます。拍節がないということが舞に影響して、舞楽が拍子を目安に舞を舞うのに対し、歌舞はワンフレーズの中にいくつかの舞の型を納める形で進行します。このリズムで舞うのではなく、フレーズで舞うのは地唄舞などの日本舞踊とも共通していると特色で、京舞など私たちに身近な舞踊が古代から継承されてきた歌舞と同じルーツであることを物語っています。

舞はいくつかの型を組み合わせて構成されています。型は舞楽の舞型と共通しているものもありますが、使われている種類は舞楽より少なく簡素です。基本的には舞楽とあまり変わりません。これは本来は国風である歌舞が外来楽を伝習する楽所《がくそ》の楽人たちによって伝承されてきたからです。

装束は舞楽が舞楽装束という特殊なコスチュームであるのに対し、歌舞は袍《ほう》と冠《かんむり》という公家社会の極く普通のものを使用しており、ただ文様が和舞や東遊《あずまあそ》びなどでそれぞれ違っているだけです。装束がよそよそしくないこと（公家社会の日常的なもの）によって舞楽より親近感のあるものとなっています。

なによりも注目すべきことは、ウタにしろ舞にしろ拍節によって時間をコントロールしようとしないことです。

古代の日本には時間の概念がありませんでした。これを詳しく説明するにはいろいろなことをお話しいなければなりませんが、時間の概念がないからあるのは空間の概念だけです。それがこの歌舞に表れています。ここでは時間は流れていません。フレーズごとに舞の型は堆積して、いくつかののフレーズが重なることでだんだん密度が蓄積されてゆき、舞が終ったとき、その場はぎっしりと密度で満たされています。こんな芸能は日本をおいて他に例がありません。

（木戸敏郎）

◆実演：春日大社南都楽所

・和舞の実演。

（※南都楽所　奈良の社寺の祭典、法会に奉仕しつづけ、連綿と継承されてきたが、一八七〇年（明治三）の雅楽局の創立により廃止、南都の楽人は上京し、その伶人となる。しかし、奈良にとどまった一部の楽家が、春日大社やその他の社寺に奉仕するとともに、後進の指導とその保存に努めてきた。一九六八年（昭和四十三）、「社団法人南都楽所」が結成された。）

（二〇〇九年一月十九日）

②東遊び〈講師：木戸敏郎（京都造形芸術大学教授）〉

舞中心の西の代表的芸能として、日本固有の歌舞である東遊《あずまあそ》びに注目する。

国風の歌舞

東遊びという歌舞《うたまい》を例にあげて国風《くにぶり》の歌舞についてお話しします。

京都でもっとも有名な祭礼といえば、葵祭です。上賀茂神社、下賀茂神社の祭礼は、山城国一宮《いちのみや》の祭礼ですから宮廷から勅使が下向しました。勅使はいろいろのおみやげを奉納しますが、その中には芸能も含まれていました。それが東遊びです。つまり皇室から献納された芸能です。明治時代以降皇室が東京へ移ってからは皇室の一宮は武蔵国の氷川神社になりましたから、現在はさいたま市の氷川神社へ祭礼に奉納されています。したがって葵祭の東遊びは観光行事のようになってしまいましたことが、東遊び、ひいては歌舞というものの本質を見えにくくしています。そこで本質をみつめるために優雅な風俗はどけておいて、構造的な面をみてゆきます。

京都で行われているのになぜ、「東遊び」なのかというと、歌われている歌詞が東歌《あずまうた》だからで、世俗的な歌謡です。宴席で楽しんでいた芸能を神様にも楽しんでいただくために奉納したもので、御神楽《みかぐら》のような神事芸能ではありません。ところが、この東歌の伴奏に御神楽で中心的に活躍する和琴《わごん》が使われています。演奏のしかたも全く同じで、歌の旋律を琴でなぞるのではなく、歌の脇で音のオブジェを鳴らしているのです。歌の声の音域を琴が音で教えている、こうしていれば声は音痴にならないですむからでしょう。

国風の歌舞には東遊びのほかに和舞《やまとまい》や久米歌《くめうた》がありますが、いずれも和琴を使います。舞が伴わない歌だけのものでは催馬楽《さいばら》があります。催馬楽は御遊《ぎょゆう》で演奏されたことがあったので、楽箏が伴奏しています。和琴で演奏する楽譜も残っていて、音の取り方は楽箏風になっていますが、本来は和琴の奏法で行われていたものと思います。

公家が担っていた歌舞の伝承

歌舞は和琴と一身一体の関係で伝承されてきました。和琴が古墳時代（ルーツは縄文時代）から証拠物件がありますから、歌舞も同じくらいの伝統だと考えられます。それに対し楽器の音楽で舞う楽舞（現在は舞楽という）は、奈良時代以降の伝統です。外来楽が入ってくる以前、日本には歌しかありませんでした。その伝統が歌舞ですから唯一の日本オリジナルの芸能です。伝承の経緯を見ても両者が違う伝承であることがわかります。唐楽や高麗楽など外来音楽の子孫は楽所《がくそ》の楽人（楽家という音楽家の家系）によって伝承され、御神楽や東遊びなど国風の歌舞は曲所《こくそ》の公家（綾小路家などウタを伝承する家系）の貴族階級によって伝承されていきました。

皇室が東京へ移って堂上公家の制が廃止されてからこれらの伝統に混乱が生じました。一八七〇年（明治三）十一月の太政官布告に次のようなものがあります。わずらわしいかと思いますが、重要な文献ですから原文を引用します。

「今般太政官中雅楽局被置候ニ付従前曲所之號ヲ廃シ神楽道ヲ始諸取扱幷傳授等於其家致来候処被止向後諸事總テ雅楽局ニ於テ取扱教授之義ハ大曲秘曲傳習之者ヨリ相傳可致事」

このたび雅楽局（楽所を改組したもの）が設けられたから、曲所を廃止して、これまでの曲所で伝承されてきたレパートリーは雅楽局に移すこと、というものです。この後も別の布告が出されて、これまでの伝承に当たってきた家系は今後一切関与してはいけない、楽譜等はすべて提出せよということになります。古代から別々の伝統として伝承されてきた国風の歌舞と外来の雅楽とがこのときから一本化されたのです。それも外来の雅楽に国風の歌舞が吸収合併された形で統合されたのです。

ここから音楽理論上の混乱が始まりました。雅楽は楽器の音の音楽で精巧な音楽理論で構成されています。ところが歌は人間の声ですから全く違う音楽理論で成り立っています。これを共通の視座で考察すると、歌舞の方が幼稚なものと見られがちです。あるいは崩れた伝承とみられることもありました。

たしかに曲所廃止以降、曲所の伝承は重要なものだけ残して今様《いまよう》などは廃止しました。久米歌は伝承は続いているものの演じられることはほとんどありません。しかし、伝承の続いているものの伝統はあいまいなものではなく、古代以来の国風の伝統を現在に伝える貴重な伝承です。

◆実演：平安雅楽会

・東遊びの実演

（※平安雅楽会　明治天皇の思召しによる恩賜財団、平安義会を母体として創立された京都で最も古い雅楽団体。天皇陛下の御名代が来る日本三大勅祭の葵祭、石清水祭を始め、京都御所の一般公開舞楽公演、延暦寺、三千院、清水寺、知恩院等の各社寺の祭典や法要、市民ホールで数多くの演奏活動を行なう。）

（二〇〇五年十月四日）

③舞楽〈講師：小野功龍（天王寺楽所雅亮会楽頭）・木戸敏郎（京都造形芸術大学教授）〉

古くは奈良時代にさかのぼるといわれる舞楽《ぶがく》。その由来というのは非常に伝説的要素が多い。朝鮮半島から渡来した舞楽のうち、天王寺に伝わる舞曲「蘇利古《そりこ》」を通して、西日本に伝えられた弥生系の芸能が大陸伝来の特色を示していることを確認する。

聖霊会《しょうりょうえ》

雅楽の伴奏で舞を舞う芸能を舞楽といい、雅楽の音楽だけを演奏するものを管弦といいます。基本的なことは同じで曲目も両方に共通している曲もありますが、同じ曲を演奏しても楽器編成が違っていて、管弦は管（笙・篳篥・龍笛）と絃（琵琶・箏）と打（鞨鼓・太鼓・鉦鼓）で演奏するのに対し、舞楽の演奏では絃を使いません。これは両者の表現しようとするものの違いによるもので、管弦は細やかなニュアンスを大切にしているのに対し、舞楽はメリハリの利いた効果をねらっているからです。理由は管弦は室内で演奏するものであるのに対し、舞楽は屋外で演じるものであるからです。現在ではどちらもホールで演じられていますが、四天王寺の聖霊会では現在でも屋外で演じられています。

大阪四天王寺の聖霊会はこの寺を開いた聖徳太子の霊を祀る法会で大陸文化を積極的に取り入れた太子にふさわしく聲明と舞楽で展開する大法会です。太子の霊を祀る六時堂の前庭の池の上に石造りの端の構造で設けられた石舞台の上で舞楽を舞います。屋外ですからスケールが大きく、舞台の面積も一般の高舞台よりはるかに広いことが特徴です。一般的な広さは三間四方の正方形でこれは宮内庁楽部の屋内練習用舞台の規模を踏襲したものですが、石舞台は長方形で五間と四間はあるでしょうか。この舞台というハードウエアは舞というソフトウエアにも影響して天王寺楽《てんのうじがく》所《そ》特有の様相を呈しています。

これから上演する「蘇利古《そりこ》」は聖霊会の舞楽の中でも特に重要な曲で、太子のみたまがお目覚めになってお厨子《ずし》の帳《とばり》を上げる「御上帳《みじょうちょう》」とお体を清める「御手水《みちょうず》」の際に演じられる舞楽です。天王寺オリジナルの舞楽といわれますが、実は宮内庁楽部でも演じています。蘇利古は平舞《ひらまい》＝普通の舞という意のジャンルに属し、四人の舞人が正方形の四隅に位置して四人ともに同じ舞を一斉に舞います。宮内庁ではこの方式で演じています。ところが聖霊会では四人の真ん中に一人を追加して、ちょうどサイコロの五の目のような形で五人の舞人が舞いますから印象はぐっとダイナミックになります。聖霊会でも他の手舞は四人舞で五人舞は蘇利古だけですから、このことからもこの曲が特別の存在であったことがわかります。

右方の舞と左方の舞

舞楽には中国大陸から渡来した「唐楽《とうがく》」と古代朝鮮半島から渡来した「高麗楽《こまがく》」があり、この演奏にあわせて舞うのが、中国系が左方の舞、朝鮮半島系が右方の舞ということになります。

右方の舞は「蘇利古」にかかわらず、三の鼓、太鼓、鉦鼓の三つの楽器でパーカッションを刻んでいきます。この三つがひとつのリズムパターンを作り上げています。このリズムパターンが楽曲にのって反復していきます。ですから、そのリズムさえはずさなければいいわけです。鼓のところで足がでるとか、太鼓のところで足をつくとか、舞に伴う動作を覚えていれば、まず間違えなく舞うことができます。

唐楽にあわせて舞う左方の舞は、ひとつのフレーズの間にずーっと手を広げていくとか、舞人がきちんと反復運動をして合わせていかなければなりません。

平舞に対する走舞《はしりまい》ですが、走舞は，テンポが速く軽快に走るように舞うもので、「陵王」「納曽利《なそり》」「還城楽《げんじょうらく》」「貴徳」「胡飲酒《こんじゅ》」などが今日に残っています。平舞にくらべ、舞人の特異性、個性をかなり発揮できるのではないかと思います。

左方の舞は線の舞、右方の舞を要所要所がきちんとしているので点の舞ともいいます。

（小野功龍）

面と装束と舞振り

舞楽には面をつける舞と直面《ひためん》で舞う舞とがあります。走舞といわれる活発に動きまわる舞はすべて面をつけます。手舞は左方の舞は面をつけませんが右方の舞には面をつけるものとつけないものとがあります。平舞に面をつけるものとつけないものがあるのは、左方と右方の音楽構造の違いによるものです。左方の音楽は唐楽《とうがく》ですが、これはメロディを聞かせる音楽構造で、拍子をあいまいにしています。右方の音楽は高麗楽《こまがく》で、これは拍子が主導しメロディは拍子に追随します。もともとは平舞でもすべての舞が面をつけていたようですが、面をつけると隣りの人の動きが見えませんから揃えることが困難です。それでも右舞は各自が拍子を数えて動けば全員は揃うことができますが、左舞はメロディのフレーズのどの箇所でどう動くかは各自の判断が分かれるところで、隣りの動きを意識しなければ揃えることができません。おそらくそんな理由で左の手舞は直面になったものでしょう。「蘇利古」は右舞ですから、面をつけてもなんら支障はありません。

舞楽面は木彫りですが、「蘇利古」は「安摩《あま》」とともに雑面《ぞうめん》と呼ばれる、紙に絹を貼った墨で髭面の顔を抽象的に描いた特殊な面を用います。オーソドックスな舞台面ではない、何かの面を流用したものらしく〈雑〉として扱われていたものと思われます。現存するものは江戸時代以降のものですが、資料によって平安時代から存在していたことが知られています。

正倉院に三十二点伝世する布作面《ふさくめん》は、柔らかい麻布に髭面を具象的に描き、目の部分だけを切り抜いた面です。女性の面が一点であとは髭ずらの男の面で、結構大きいものです。「唐中楽用」としるされており、機能的には雑面と同じですが、その様相は全く違っています。布作面の鼻筋が通り、小鼻が開いているのは、高い鼻を正面から表現したものです。また、垂れ目はくぼんだ眼窩を正面から描いたものではないかと思われます。いかにも、彫りの深い西域の民族、胡人《こじん》の顔立ちらしい。

「蘇利古」はこの具象面を忠実に抽象でトランスフォーメーションしています。素材が柔らかい布からこわばった紙に変われば、図柄もそれにふさわしいものに変えざるを得ません。

「蘇利古」と同じ朝鮮半島伝来の右方の舞の「安摩」の面では、抽象化された図柄はさらに便化が進んで、鼻に州浜の紋が当てはめられ、別の意味が引用され、記号学的な効果を上げています。つまり神性が宿るということを意味しています。

面のこの変化は装束の変化と軌を一にしています。奈良時代から平安時代の中期までは布の柔らかい質感をそのまま生かしたなだらかな萎装束《なえしょうぞく》でしたから、布そのものの布作面はふさわしくなかったと思われます。

しかし、平安時代末期から鎌倉時代以後は、繊維を漆や糊で固めてこわばらせて威儀を正した強装束《こわしょうぞく》へ変ります。布作面から雑面への変化のプロセスはこの装束の変化のプロセスと軌を一にしています。

萎装束のころの舞振りは伝承が絶えていますのでわかりませんが、人間工学に従った自然な動作だったのではないかと推測します。強装束になると、ちょうど、布作面から雑面になって図柄が幾何学的になったように、舞振りはメリハリの利いたものに変わらざるを得なかったでしょう。こんにち、私たちがみる「蘇利古」のややアクセントの強い舞振りは、面や装束の変化による必然だと考えられます。

（木戸敏郎）

◆実演：天王寺楽所雅亮会

・天王寺に伝わる「蘇利古」の実演

（二〇一一年四月十八日）

④能 狂言〈講師：諏訪春雄（学習院大学名誉教授）〉

大陸との影響関係を探ると、能と狂言はどのようにして日本の固有の芸能として成立したのかが見えてくる。

従来説への七つの疑問

能と狂言の成立については、大陸から伝えられた散楽《さんがく》との関係がいわれています。散楽とは曲芸、歌、舞、物まねなどをふくんだ雑芸能のことです。のちになまって猿楽《さるがく》とよばれた芸能を演じていた連中が、寺院で行われていた修正会《しゅしょうえ》や修二会《しゅにえ》の追儺《ついな》の儀礼を担当するようになって生まれたというのが従来いわれている説です。

しかし、①なぜ、仮面劇なのか。②なぜ、主人公は亡霊なのか。③なぜ、中入りをもつ複式構造なのか。④なぜ、最初に翁、二番目に脇能と称して物語を演じるのか。⑤なぜ、五番続きなのか。⑥なぜ、なぜ、仮面劇の能と直面の狂言を組み合わせて演じるのか。⑦なぜ、大和猿楽四座だけが生き残ったのか。

従来説は、これらの疑問を解明していません。

七つの疑問を詳しくあげると、

①仮面劇。宮中や大寺院でもよおされた追儺は仮面劇ではない。現在、各地の寺院で行なわれている修正会や修二会で、悪鬼が仮面を用いる例は一般的にみとめられるが、登場する役人のすべてが仮面を使用している例はない。なぜ能は仮面劇となったのか。

②亡霊劇。追儺の鬼は邪悪な精霊としての鬼である。しかし、世阿弥によって完成させられた夢幻能に登場する亡霊は哀れなすくわれない亡者である。悪鬼から亡霊への変化はなぜ可能になったのか。

③複式夢幻能。能でもっとも一般的な形式である複式夢幻能では、中入りをはさんで前場《まえば》と後場《のちば》にわかれ、シテが前場では化身、後場では亡霊として登場する。この形式は世阿弥によって完成させられた。彼はなにをヒントにこの形式を構想したのか。

④翁舞。能は完成した上演形式としては、最初に翁舞を上演した。

翁　ワキ能　二番目能　三番目能　四番目能　キリ能　半能

この形式の成立は江戸時代のことであるが、萌芽はすでに世阿弥のころからあった。なぜ能は冒頭に翁舞をすえたのか。翁舞とはなにか。

⑤五番続き。なぜ完成した上演形式では五番続きなのか。

⑥能と狂言の交互上演。完全上演では、仮面劇としての能のあいだに直面《ひためん》の現世劇である狂言をくみあわせて演じた。このような興行方法はどのようにして成立したのか。
⑦なぜ多くの猿楽座の中から大和四座だけがのちに生きのびたのか。またなぜ同じ興福寺・春日神社に奉仕した新座の奈良田楽座を圧倒して猿楽四座だけが興隆したのか。

これら七つの疑問が解決されなければ、能や狂言の成立を完全に説明することはできません。能や狂言の形成を日本の国内だけで説明することは不可能です。アジアの視点からみなおすと能と狂言の誕生の秘密があきらかになります。

大陸仮面劇の形成と日本への伝来

中国やその影響をうけた朝鮮半島では発達した仮面劇が演じられていました。それを儺戯《なぎ》といいます。この儺戯の影響が日本列島にもおよんで能や狂言を生みました。

中国の儺戯の存在は、紀元前の十四、五世紀の商（殷）の時代にまでさかのぼります。考古学遺跡や甲骨文字などから判断すると、この時代の儺は打鬼とよばれており、主宰者は兇悪な相の仮面をかぶって神々に扮し、これも仮面をかぶった人が扮した鬼怪を追いはらいました。

紀元前十二世紀からの周の時代には、儺戯が国家行事として形をととのえ、この時代に「儺」がこの種の打鬼の行事をあらわすことばとして定着しました。

周代の儺戯で活躍する主神は方相氏《ほうそうし》で、彼は、熊の皮を着て、黄金四つ目の仮面をかぶり、上着は黒、ズボンは朱色で、手に矛と楯をもち、多くの手下をひきいて悪鬼を追いはらいました。

漢代になると歳末の儺の規模はますます大きくなった。宮廷の全臣下が参加し、つきしたがう神の依代《よりしろ》としての男女の子供たちは百二十人の多数におよび、さらに悪鬼を追う側に十二支を神格化した十二ヶ月の守り神である十二神獣がくわわります。漢代からのちも儺戯はますますさかんになり、北斉の時代には児童は二百四十人、唐代には五百人となり、彼らも仮面をかぶり、方相氏は四人にふえています。

宋代には方相氏や十二神の名がきえ、宮廷の散楽所に所属する楽人や俳優が仮面をつけて多様な神々に扮し、演劇化が進みました。演劇化と娯楽化はますます進み、場所も宮中や人家から舞台にうつされると、古典、民間伝承、神話、日常生活などに取材した多様な仮面劇が演じられていました。この影響が朝鮮におよんでいたことは、文献資料そのほかであきらかであり、日本もその影響下に能や狂言が成立したとみるべきでしょう。

その関係を、中国、朝鮮、日本の三国の仮面劇の展開を通して、わかりやすく示すと、

・中国

宮中所属の巫師や民間の巫師らによる儺（周代から唐代）→宮中の専門芸人が仮面で参加（宋代）→村人や民間芸人が参加し娯楽要素がつよまる（明代から清代）

・朝鮮

宮中所属の巫師らによる儺（十世紀の高麗朝以前）→宮中の専門芸人が仮面で参加（十四世紀の高麗朝末から十九世紀の朝鮮朝）→村人や民間芸人が参加して娯楽要素のつよまった仮面劇（二十世紀初め）

・日本

Ａ　宮中所属の役人や巫師らによる儺（奈良時代から中世南北朝）

Ｂ　僧や散楽の連中による寺院の修正会や修二会（奈良時代から平安時代）

→寺院の修正会や修二会に猿楽呪師が参加して追儺儀礼を演じる（平安時代末）→寺院の修正会・修二会に

猿楽の連中が翁猿楽を演じる（鎌倉時代末）→能や狂言が成立

日本では、朝廷とは別に早い時期に寺院にはいりその庇護下にあったため、この仏教の保守的儀礼性が娯楽的な仮面劇をそだてることをさまたげました。その結果、日本の儺が仮面劇を生んだのは、国内の要因だけではなく大陸からの外来の力をかりねばならなりませんでした。中国の儺戯が日本へ伝来し、能と狂言の形成に影響を与えたということになります。大陸の仮面劇の影響を考えなければ、仮面劇の能の誕生を解明することはできません。

中国の亡霊追善劇「目連戯」の伝来

夢幻能に登場する亡霊は、平安時代から鎌倉時代にかけて日本の寺院で行われていた修正会や修二会の追儺儀礼の対象であった悪鬼が、うかばれない亡者にかわったものです。この変化は、悪鬼追放から亡者追善という大陸の宗教儀礼や芸能にはやくからあらわれていました。

その変化を引き起こしたのが、目連救母戯、目連戯でした。釈迦十大弟子のひとり目連《もくれん》尊者が餓鬼道に落ちた母を救った話を劇化したものです。母を救うため、釈迦の教えに従ってご馳走をお供えしたのが、お盆行事を始めたという目連の救母伝説が、芸能や演劇の題材となって多くの目連戯がつくられました。やがて、目連伝説は地蔵の化身であるという伝説を生み、地蔵信仰と結びつくと、本来持っていた劇的な地獄破壊のモチーフに加えて、亡霊追善、鎮魂のモチーフを強めていきます。

十二〜三世紀の中国大陸の信仰と芸能が亡霊への関心に覆われていたことがわかります。

目連が地蔵であるという観念は日本にも伝わっていたことは、千葉県光町虫生の「鬼来迎《きらいごう》」という民俗芸能が示しています。お盆の施餓鬼におこなわれる地獄破りの宗教劇で、全員が仮面をつけて演じます。この劇に登場する地蔵菩薩は目連に重なっています。

複式夢幻能の中入り

大陸の儺戯は場所と時間を違えて同一の神々を二度にわたって神おろしします。普通は神社に祀られる神をその神社で呼び迎え前場の祭りをおこなったあと、柱によりつかせたり、御輿にのせたりして、別の仮設の祭場（お旅所）に移送し、そこでもう一度神おろしをして後場の祭りを本格的におこないます。

中入りをともなった複式夢幻能は大陸の儺戯との関係が想定されますが、能の複式構造を完成させた世阿弥が直接ヒントを得たのは、日本の民間の神楽系統の祭祀であった可能性が考えられます。

翁猿楽の由来

能の冒頭に登場する翁は、中国の儺戯のはじめに登場し、儀礼や芸能の進行、祭壇に飾られている人形、仮面の儺公、儺母との深いかかわりが想定されます。

中国の儺戯に登場する儺公と儺母は、漢民族の始祖神で、天を補修し、洪水をとめ、八卦《はっけ》、文字、音楽、婚姻、漁労、火などの文化の創造者である伏羲《ふっき》と女媧《じょか》であると伝承されています。こうした中国の祭りを照らし合わせると、日本の能の翁猿楽の本質が明らかになってきます。日本の翁と三番叟は、白色と黒色の仮面であらわされる夫婦神として、後に登場する神々の最高神です。二番目以下の能の番組は悪霊追放の儺であり、亡霊追善の芸能であるとともに、最高神から伝授された文化と技術を再現する始源の時間のくりかえしの精神をも重層的に担っています。

能の五番構成

神・男・女・狂・鬼、はじめに神様をお招きし、次に男性を中心にした能を演じる、それから女性、そして狂い能、最後に鬼を追放して終わるというのが正式なやり方、五番組織の構成です。もともとは中国の五方五色観念によるものです。古くから日本にはいりこんでいました。宋代の雑劇《ざつげき》が五段組織であり芸能の五番組織から、中国とのつながりの中で、能の五段構成が生まれてきたと考えることができます。

能と狂言の組み合わせ

能と狂言は正式には組み合わせで上演されます。仮面劇である能と直面で演じる狂言の組み合わせによる、神様と人間が交互に現われるという上演方式は中国にみられます。「儺戯《なぎ》」には最初に最高神を迎え、最後に送り返すもの、神をあらわす仮面と人をあらわす直面を交互に上演するものが多くみられます。

中国楽戸《がっこ》と日本楽戸

大和猿楽は、春日神社・興福寺に奉仕して保護を受けたから芸能界で特殊な地位を占めることができたとする論があります。しかし、近江、摂津、伊勢、丹波、宇治、越前などの各地の猿楽座はすべて社寺・権門の庇護を受けていました。また、観阿弥・世阿弥のような天才が現れたからとする論がありますが、観世以外の三座にすべて天才がいたわけではなく、当時はむしろ田楽の方が隆盛を誇っていました。田楽新座の亀阿弥・増阿弥は世阿弥が賞賛するほどの名人でした。

大和猿楽四座は楽戸の子孫と考えられます。四座の本拠地が楽戸郷のあった田原本町かその周辺に存在します。四座のうちもっとも歴史の古い金春座《こんぱる》（円満井）は田原本西竹田を本拠とし、観世は川西町、宝生《ほうしょう》は桜井市、金剛は斑鳩町を本拠。金春・観世・宝生は縁戚関係にありました（『世子申楽談義』）。四座ともに奈良の春日神社・興福寺に奉仕、秦河勝を遠祖とし（『風姿花伝』他）、翁猿楽の家筋で鬼能を得意としました。

七〇一年（大宝元）に雅楽寮が設けられた際に、下部機関に中国楽戸に倣って日本でも楽戸が組みこまれ、伎楽・腰鼓などの楽生の養成に当たっていました（「養老令」）。また七三一年（天平三）に雅楽寮の定員を定めたときには、度羅《とら》（済州島）楽生六十二人、諸県《もろかた》（日向国諸県郡）舞八人、筑紫舞二十人は楽戸からあてるとされていました（『続日本書紀』）。渡来芸能に限られず国風芸能にまで拡大しましたが、平安時代末に廃止または衰退しました。

楽戸という視点で大和四座を見ると以下の点が明らかになります。

まず、楽戸の伝統を継承し、卓抜な芸の修練をしたということです。中国からの渡来人であった秦河勝を祖先と主張した理由が判明します。

二つ目は、宮廷の楽戸から寺社奉仕の座へ円滑に移行し、集団性を維持したということです。

三つ目は、中国楽戸が手本になっているということ。非人身分から平民への強力な上昇願望のもと、音楽と雑芸の集団から演劇集団への移行し、能の作品の創造を果たします。大和四座が翁猿楽を専門とし、鬼能を得意としていたことの説明がつきます。翁猿楽は寺社の修正会、修二会で演じられた追儺の儀礼です。翁を中心に家族の神々が仮面で登場し、鬼をはらい、祝福する。この芸態を演じたのは中国の楽戸の伝統を引くからです。

能・狂言の独自性

日本の芸能は多神教の産物です。中国は初め多神教でしたが、やがて一神教的多神教になっていったため、日本の芸能と大きな違いが出てきます。

一神教的多神教の産物である中国の影響を受けた能・狂言は日本で多神教的なものに変わっていきます。その変化は非常に大きく、それが場合によると日本固有のもの、日本独自のものにみえてしまいます。

舞台構造ひとつとりあげても根本に大きな違いがみられます。中国の舞台は真上に天をかたどった六角形、八角形の藻井《そうせい》（日本では天蓋《てんがい》という）があります。天の神を迎える場所が舞台にあります。天の神が降りてくるという考え方を反映したものです。四角の舞台は大地を示していて、天の神がこの地上に現われて演じるという精神があります。中国の舞台はどこまでも天に伸びていきます。例えば、北京故宮に保存されている清代の舞台は三段です。上へ上へと伸びていってその上で演技をするわけです。天に近づくことが人間の幸せ、天へのあこがれを示しています。日本の場合は、松羽目《まつばめ》、後ろに松の木が描かれています。能舞台の天井に中国の天蓋のようなものはありません。能舞台が招く神は大地の神だからです。

仮面についても中国の場合、一神教的な性格を多く残しています。中国の仮面は原則として用途を限定した一枚面です。

日本の仮面は多神教的です。人間も神様になれるという日本人の古くからある信仰に従って仮面が作られています。この仮面がいろいろなものに変化していきます。そしてこの仮面がいろいろな神様を招きよせます。多神教的に用途が広がっているのが日本の仮面の特徴です。

※参考文献　諏訪春雄『日本の祭りと芸能―アジアからの視座―』吉川弘文館
諏訪春雄『能・狂言の誕生』笠間書院

（二〇一二年五月二十八日）

⑤上方舞〈講師：山村若（現・三代目山村友五郎／山村流六世宗家）〉

静的な旋回運動である「舞」を基本としながら、劇場舞踊の性格を残す山村流に舞踊の身体を学ぶ。

山村流

上方舞というのは、京阪、関西でおこり、発達した舞踊の総称です。上方の土地の唄、地唄に振りを付けた舞が有名なので、地唄舞、あるいは座敷舞といういい方をしますが、それを含めて上方舞といっています。

地唄だけでなく、長唄、義太夫、常磐津、清元を伴奏にした舞踊もたくさん残っています。

能の影響を受け、跳躍味は非常に少なく、旋回の動作を主とした静的であるため、関東の「おどり」に対して「舞」と呼ばれます。

山村流は上方舞の流派ですが、上方歌舞伎の役者から振付師となった山村友五郎が流祖です。地唄舞が山村流の本流とすれば、歌舞伎舞踊は源流といえます。友五郎は一七八一年（天明元）に大坂の歌舞伎役者藤川岩松の子として生まれました。幼くして父を亡くし、初代山村友右衛門を師とあおぎ、二代目岩松の名で初舞台を踏みます。やがて、役者を廃業し、一八〇六年（文化三）に振付師としてデビューします。以後、三代目中村歌右衛門をはじめとする人気役者の振付を行ない、一八三〇年（天保元）、「山村吾斗《やまむらごと》」のちに「山村舞扇斎吾斗《やまむらぶせんさいごと》」と改名します。実子がいなかったため、養子が二世を継ぎ、三人の養女のうち、島之内の登久の孫、若子が三世を継ぎ、わたくしの六世宗家までその名跡と芸は血脈で受け継がれています。

山村流の伝承曲

山村流には、地唄舞だけでなく、歌舞伎舞踊が数多く残っています。友五郎が歌舞伎役者出身というだけでなく、幼馴染だった三代目歌右衛門に重用され、多くの振付をしたことによります。

歌舞伎の番付に、振付師として初めて名前を載せたのが友五郎で、一八〇六年（文化三）正月の大坂中の芝居の役割番付に「ふり付」とあり友五郎の名がみられます。

三代目歌右衛門の振付を多くしたことから、歌右衛門の踊ったものが伝承されています。歌舞伎舞踊から山村流に残った作品を紹介します。

「傾城」を題材にした歌舞伎舞踊は多くありますが、例えば、三代目中村歌右衛門の七化《ななばけ》と十二化《じゅうにばけ》の「傾城」が山村流に伝承されています。

七化は一八一三年（文化十）に上演された『慣《みなろうて》ちょっと七化』と名付けられた舞踊です。「傾城・座頭《ざとう》・業平《なりひら》・越後獅子・橋弁慶・相模蜑《さがみあま》・朱鍾馗《しゅしょうき》」の七役をひとりで踊りぬく変化舞踊です。この七変化が地唄舞となったのが「江戸土産」で、七変化のうちの「傾城」から地唄舞「閨《ねや》の扇《おおぎ》」がうまれました。十二化は一八一七年（文化十四）に『莫恠踊化姿《またかいなじゅうにばけ》』と名付けられた舞踊です。十二変化のなかから「傾城」の歌詞を地唄に移した「傾城」（別名「門傾城」）です。

義太夫と長唄掛合の「三ッ面椀久」も歌舞伎舞踊から山村流に残った作品です。一八二三年（文政六）に三代目歌右衛門が椀久を踊った浮世絵が残っています。山村流にはこの踊りを好んで踊った初代市川右団次使用の扇や「お福」の面が伝承されています。

義太夫の『仕丁《じちょう》』も歌舞伎舞踊です。一八三五年（天保六）、友五郎振付による『同計略花芳野山《とばかりはなのよしのやま》』に入れ事として後に増補したものです。二〇〇二年（平成十四）、復活上演をしました。ユーモラスでおおらかな上方歌舞伎舞踊です。

『狂乱』も三代目歌右衛門と縁がある演目です。一八一九年（文政二）、歌右衛門が踊った九変化『御名残押絵交張《おなごりおしえのまぜはり》』のうちのひとつです。歌舞伎に残る「狂乱」を描いた役者絵は、紅葉の枝を持っていますが、山村流では桜を持ち、背景も桜を用います。

舞の身体と踊りの身体

山村流は流祖が歌舞伎役者だったため、踊りの身体と舞の身体の両方を備えています。違いは先ず踊りの振りです。振り付けた時点で、アプローチの仕方が違ってきます。座敷という狭くて限られた空間で距離も近い場合、足を踏んだり、跳んだりすることはできません。感覚的には畳一畳分で舞うという感じです。足を三つ前にすすめたら、必ず三つ下がります。これが座敷舞の基本です。歌舞伎舞踊の場合は劇場という空間で踊るわけですから、上手、下手の振りも大きく付いていますし、舞とは全く違う身体の使い方になります。花道もありますし、空間利用の方法が違うわけです。

◆実演：山村若

・地唄『江戸土産』

仮初の　夢も浮寝の仇枕　結ぶ契りは深見草　花に戯る越後獅子　笛や太鼓の拍子よく　つく杖たより
に都をさして　のぼる法師の唐衣　きつつなれにし在原の　なりも形も透き額　月の眉墨武蔵坊　七つ
道具の七化と　変れど同じ色の道　芝翫《しばもてあそ》ぶ　在所ながらも相模の蜑の　笑顔もよしや難波津の　浦々
までもかけて見る　この一軸の朱鍾馗さんは　国を守りの神かけて　栄ゆる春こそ目出度けれ

（二〇一三年七月一日）

（2）江戸文化

江戸の芸能の多くは上方芸能の影響をしたたかにうけて誕生した。西から伝来した芸能だが、身体は「舞」ではなく跳躍運動を中心に両足を舞台から離す「踊り」、音曲は江戸で大成されるなど、独特の特色を持っている。

①歌舞伎〈講師：田口章子（京都造形芸術大学教授）〉

歌舞伎にも東と西の違いがあった。江戸時代、江戸には独自の歌舞伎があり、上方には上方の風土のなかで生まれ育った歌舞伎が存在した。江戸歌舞伎と上方歌舞伎である。

『仮名手本忠臣蔵』

三大名作のひとつ、『仮名手本忠臣蔵』「六段目」を例に、東西の比較をします。『仮名手本忠臣蔵』は全十一段からなる人形浄瑠璃文楽のために書かれた戯曲作品。一七〇二年（元禄十五）、赤穂浪人大石内蔵助《くらのすけ》らが、主君浅野内匠頭《たくみのかみ》のうらみをはらすために吉良上野介《きらこうずけのすけ》を討ったという実在の復讐事件を劇化したものです。事件発生直後から芝居に脚色され、その作品はおびただしい数に及びますが、四十七年後にできた『仮名手本忠臣蔵』は、決定版となりました。

作者は竹田出雲・三好松洛・並木宗輔の合作。一七九四年（寛延二）八月に大坂竹本座で初演されました。翌年には歌舞伎化され、幕末までの一二〇年間に二八〇回も上演されています。単純に計算すれば、年に二回は上演されていたということになり、人気の演目だったことがわかります。

東西で大きな違いがあることは、近年の歌舞伎の通し上演の場割を比較しただけでも明確です。

○江戸・東京

【昼の部】

大序「兜改め」

三段目「進物」「殿中刃傷」

四段目「判官切腹」「評定」「門外」

三段目「裏門」の改作「落人」

【夜の部】

五段目「鉄砲渡し」「二つ玉」

六段目「与市兵衛内」

七段目「祇園一力茶屋」

十一段目「討ち入り」

○上方

【昼の部】

大序「兜改め」

三段目「進物」「殿中刃傷」「裏門」

四段目「判官切腹」「門外」

五段目「鉄砲渡し」「二つ玉」

六段目「与市兵衛内」

【夜の部】

七段目「祇園一力茶屋」

八段目「道行旅路の嫁入」

九段目「山科閑居」

十段目「天河屋」

十一段目「討ち入り」

上方が二段目以外、戯曲どおりに比較的とんとん運んでいきますが、江戸・東京は四段目のあとに三段目の舞踊劇で昼の部をしめくくり、夜の部は七段目のあと、いきなり十一段目に飛ぶという上演方法です。

東西比較

「六段目」のうち、〈着替え〉〈見比べ〉〈切腹〉の三つの場面を取り上げ、東西比較をしながら、具体的に検証していきます。

『仮名手本忠臣蔵』「六段目」は、仇討ちに参加できなかった早野勘平の物語が展開します。仇討ちに加わりたいと願う勘平のために、恋人のお軽は、我が身を花街に売ります。なぜならば、殿様が高師直《こうのもろのう》を斬りつけるという事件がおこったとき、勘平とお軽は色ごとにふけっていました。その大失態から、仲間にみかぎられてしまった勘平。責任を感じたお軽は、父母と相談のうえ我が身を売ったのですが、その金をめぐって悲劇がおこります。

1 〈着替え〉

勘平が家に戻り、雨に濡れた着物を着がえる場面は、上方が普通の普段着に着替えるのに対し、江戸・東京は武士の正装である紋服に着替えます。

【江戸・東京】

おかや　それはまたあとでわしが洗うほどに、早う着替えたほうがよいぞや。
勘平　さようでござります。コリャいっそ着替えたほうがよろしゅうござりましょう。
コレ、おかる、着物を持ってくるなら、御紋服を持ってきてくれ。
おかる　アイアイ
勘平　ア、コレ、ついでに大小も持ってきてくりゃれ。
おかる　アノ、大小を。

勘平　ハテ、なんであろうと持ってこいというに。
おかる　アイ
　ト　おかる奥へ入る。勘平、帯をときかけ財布を落とす。おかやこれを拾い見てちょっと不審の思入れ、勘平、
　あわてて取って
勘平　イエ、なんでもござりませぬ。
　ト　おかやと顔を見合わせ、気味合いの笑い。この時、おかる奥より浅黄紋付の着付、大小を持ち出る。勘平、
着替え終わり

【上方】
　ト　ぬれたる着物をきかえる。このときに金包みを落とす。おかや、拾うを勘平、引き取る
おかや　ホホ
勘平　ハハ

帰宅してこれからくつろごうというのに、わざわざ武士の正装である紋服に着替える江戸・東京の演出は不自然ですが、勘平役を、勘平を演じる役者を引き立たせるための演出です。紋服は黒と決まっていますが、ここではあえて浅黄の紋服です。勘平を美しくみせるために浅黄の紋服を着るのでしょうか。木綿物の着物に着替える戯曲に忠実な上方とは大きな違いです。

２〈財布の見比べ〉

勘平は暗闇で死体から金を奪います。その死体を舅の与市兵衛かもしれないと思い、思わず財布を見比べます。

【上方】

勘平　エエ、何とおっしゃります。その着物と同じ裂れの財布に五十両入れてあのその着物の
おオ　これでござります。
勘平　左様でござりましたか。女房ども茶をひとつたも。
おかる　ハイ
〽そばあたりに目を配り、袂の財布見合わせば、寸分違わぬ糸入り縞。さては夕べ鉄砲で打ち殺したは
　ト　財布をみて、勘平思入れ
勘平　親仁さまは遅いことなア、アハハ（むせる）
　ト　お茶でむせる

上方は原作通り、懐の財布を一文字屋の女将であるお才の着物の柄と見比べます。

【江戸・東京】

　ト　このうち勘平、お才が手にしている財布を目につけ、不安のこなしにて思わず煙管《きせる》を落とし、心づき、

勘平　さようなら、なんとおっしゃります。その財布を親与市兵衛にお貸しなされましたか。
おオ　アア、その財布を貸して上げました。
勘平　アノ、その縞と同じ。ちょっとお見せくださりませ。
おオ　サア、ご覧なさいませ。
　ト　勘平、財布を受け取り思入れあって思わずおかると顔見合わせ、
勘平　おかる、茶をひとつくりゃれ。
おかる　アイ。
へそこらあたりへ眼を配り、袂の財布を見合せば、寸分違わぬ糸入り縞。南無三宝、さては昨夜《ゆうべ》鉄砲で打ち殺したは舅《しゅうと》であったか。ハアハッとばかりに我が胸板を、二つ玉で打ち貫かるるより切なき思い。
　ト　勘平、莨《たばこ》をのむふりして、財布二つを引き合わせ見て、びっくりして煙管を落とし、おかるのくんできた茶を夢中で飲み、むせる。おかるよろしくせなかをさする。

江戸・東京は　財布とおオの財布を見比べます。見比べ方にも型があります。音羽屋型とか菊五郎型といわれる美しい見せ方です。右手でキセルを持った手を壁にして、左手で懐から財布をのぞかせて、見比べます。
上方が両手を使って懐から財布を出し、ごく日常的な運びのなかで演じていくのとは大きく違います。

3〈切腹〉
五十両の金をめぐってうたがわれている勘平が申し開きをします。

【江戸・東京】

勘平　夜前貴殿にお目にかかり、別れて帰る道々も、金の工面にとやかくと、心も暗きくらまぎれ、山越す猪に出会い、二つ玉の強薬、切ってはなてば過《あやま》たず、たしかに手ごたえ、駆け寄りみれば、こはいかに、猪にはあらで、旅の人、南無三宝薬はなきかと懐中を探しみれば、手にあたったる金《かね》財布。道ならぬ事とは知りながら、天より我に与うる金と押しいただき、すぐに追っ付き貴殿にお手渡しつかまつり、徒党の数に入ったりと、よろこび勇んで立ち帰り、様子を聞けばなさけなや、金は女房を売った金、打ちとめたるは

両人（千崎・原）打ちとめたるは

ト　勘平、双肌を脱ぎ、腰刀を抜いて、腹に突き立てる。

勘平　舅殿

両人　なんと

勘平　いかなればこそ勘平は三左衛門が嫡子《ちゃくし》と生まれ、十五の年より御近習勤め、百五十石《せき》頂戴いたし、代々塩冶の御扶持を受け、つかの間ご恩は忘れぬ身が、色にふけったばっかりに、大事の場所にもおりあわさず、その天罰で心を砕き、御仇討《おんあだう》ちの連判にくわわりたさに調達《ちょうだつ》の、金もかえって石瓦《いしかわら》、いすかの嘴《はし》と食い違う、言い訳なさに勘平が、切腹なすを、ご両所方御推量下さりませ。

〽血走る眼に無念の涙、仔細を聞くより弥五郎ずんど立ち上がり、死骸引き上げ打ち返し、疵口改め、

【上方】

勘平　夜前貴殿にお目にかかり、別れて帰るくらまぎれ、山越す猪に出会い、二つ玉の強薬きって放てばあやまたずたしかに手ごたえ　立ちよりみれば猪にはあらでは旅人、ナム三宝　薬はなきかと懐中をさがし見れば、

手に当たったる金財布　道ならぬ事とは思えども　天より我に与うる金とすぐに貴殿にお手渡し、喜び勇んで立ち帰り、様子を聞けば、情なや、金は女房を売った金、打ちとめたるは

千崎　打ちとめたるは

勘平　打ちとめたるは

原　打ちとめたるは

千崎　舅であろう

勘平　ハア

〽仔細を聞くより弥五郎、立ちより死骸引き寄せ打ち返し疵口あらため

ト　よろしくこなし、このうち弥五郎与市兵衛の死骸みて

千崎　これみられよ　数右衛門殿、鉄砲　疵には似たれども、まさしく刀でえぐりし疵。

（中略）

ト　勘平のかたわらへ寄る。勘平　腹きっているのをみて

原　ヤヤ、勘平早まったこと

江戸・東京は、前向きで切腹します。「申し開き」で元同僚二人の「打ちとめたるは」に勘平が「舅どの」と答えて、同時に刀を腹に突き立て、そのあと「いかなればこそ」以下述懐します。これは歌舞伎の入れ事で原作の人形浄瑠璃文楽にはありません。篠笛入りの合方で、「色にふけったばっかりに」と二枚目ぶりを発揮します。二枚目ゆえに、女でしくじった男の末路を強調し、勘平をいとおしい人物に仕立て上げています。

上方は後ろ向きで切腹します。「申し開き」を聞いて不審におもった千崎が、与市兵衛の疵ぐちを改めて、「鉄砲」

といったとき、後ろを向きに刀を腹に突き立てます。入れ事もありませんし、江戸・東京の勘平と違い、普段着のままでですから、臨終の前に、おかやが紋服をかけてあげます。内容にもとづいた写実性重視の演出です。

共通語

歌舞伎に東西で違いがあることを、『仮名手本忠臣蔵』「六段目」の「着替え」「財布の見比べ」「切腹」の三つの場面を取り上げ、検討しました。

東西の違いは、肉体中心（身体表現中心）の特色を持つ江戸歌舞伎と、ことば中心（せりふ中心）の特色を持つ上方歌舞伎がうみだしたものです。

上方が戯曲どおりことばを重視した運びに対し、江戸・東京は、見た目を重視した役者本位の演出です。別のことばでいえば、江戸・東京の様式主義、上方の合理主義といってもいいでしょう。

江戸・東京がことばよりも身体表現を重視したのは、共通語の成立が遅れたためです。初代市川団十郎は荒事を創始しました。荒事《あらごと》の主人公は、正義の味方です。特徴的な鬘、隈取《くまどり》の顔、綿入れの着物と太い丸ぐけの帯で体を大きく見せ、怪力であることを視覚的に納得させる見せ方をします。隈取も一本隈より二本隈のほうが力も強く、筋隈は悪に立ちむかうための最強の力を備え、怒りに燃えているという、見ればすぐにわかるという造型のしかたです。十八世紀後半にようやく共通のことばがうまれます。鶴屋南北作『東海道四谷怪談』は、江戸庶民の使う江戸口語を取り入れた代表的な作品です。

肉体表現を優先させなければならなかった江戸歌舞伎に対し、上方の歌舞伎は上方の話しことばがそのまま舞台のせりふとして使用できました。初代坂田藤十郎が和事《わごと》といわれる演技体系を創始できたのも、舞台と客席が共通のことばを共有していたからです。金も力もない色男の恋愛劇を写実的な演技で展開することができました。

東西比較により、ことば中心の上方歌舞伎、肉体中心の江戸歌舞伎という本質は、初代市川団十郎や初代坂田藤十郎が活躍した元禄歌舞伎時代に、すでに形成されていたということがわかります。

（二〇〇七年十二月十日）

②歌舞伎舞踊〈講師：坂東温子（舞踊家）〉

歌舞伎の創始者出雲のお国が始めた歌舞伎踊がその最初である。坂東流は歌舞伎役者三代目坂東三津五郎を流祖とし、代々の家元は歌舞伎役者である。三代目が活躍した江戸時代以来、正統な江戸歌舞伎舞踊を伝える流派として存在している。

舞踊の表現

身体所作の基本的な「構え」は腰をいれるというところにあります。これは舞も踊りも同じです。男の役と女の役とでは構え方が違います。踊り出しの構えを「ひかえ」といいますが、男女で違います。両足をそろえて立つことを「一束《いっそく》」といい、男役の場合は両足を拳一つ分離して立ちます。女役は、両膝を軽く付けて一方の足を前に出し、両足の爪先を内輪にします。

強い役、例えば弁慶のような強い男ならば、開く足幅も大きく、足をしっかり割りますが、二枚目、やさおとこの場合にはそんなに極端に足を割ったりしません。お姫様は、その足もとも、裾を引いて御殿を歩くようにします。同じ裾を引く芸者の場合は、褄をもって粋な形を、足取りを見せます。形が決まっているだけに、それらしく見せるということが大事です。

舞踊の独特な足さばきに「おすべり」があります。直立のまま、まず右足をそろえ、同時に左足を後ろに滑らせて引き、腰を落とします。「のしほ振り」のおすべり、「のしほ振り」というのは、三代目中村のしほの身振りのくせが舞踊の振りとして型になったもので、両手で衣裳の両袖をひっぱり、からだをくねらせるようにおすべりをする一連の動作で、女のすねた心を表現します。例えば、『京鹿子娘道成寺』の〽女子には何がなる〜」のあとの合の手のところで出てきます。

身分、武士と町人、お姫様と町娘、武士の女房などにも表現方法の違いがあります。

喜び、怒り、哀しみ、楽しみといった喜怒哀楽の表現も男女では違います。

例えば、泣くという所作でも、お姫さんは袖で、町娘は袂で、芸者や武家に女房は襦袢の袖で目元の涙をぬぐうというような表現をします。

嬉しいときは、両手のひらを叩いたり、身分が高いと両袖を使ってうれしうれしと手のひらをあわせ、顔のまえで、両手のひらをパッと開いて相手を見るというようなことをします。

踊りの構成

踊りは「おき」、「出端《では》」、「くどき」、「踊り地」、「ちらし」の五つで構成されています。

「おき」は導入部、序曲です。作品の気分や情景を描写し、登場人物の説明をします。ここは踊りません。

「出端」は人物の登場です。花道から登場したり、セリで上がったりします。華やかな場面です。踊りは出で決まるといい、歩き方が決め手になります。その役の心になって出なくてはなりません。

「くどき」は主人公の心の内を表現するところです。女の恋心や嫉妬の気持ちを訴えてくどく一曲のクライマックスに当たる部分です。せつせつと男の人に訴えるところです。テンポもゆっくりで、踊り手は身体的にも苦しいところです。主人公が男の場合、「物語」といって、過去の事件を再現して見せたりします。踊り手だけでなく、踊りの伴奏をする長唄、常磐津、清元なども聞かせどころになる部分です。

「踊り地」は振りにとらわれず、気分をがらりと変えてにぎやかに踊りこむところです。肌脱ぎをしたり、笠を持ったりといった演出をします。そして、「ちらし」がフィナーレ、これで終わるという意味の踊りです。

坂東流

江戸の歌舞伎役者三代目坂東三津五郎を流祖とし、代々の家元は歌舞伎役者という坂東流は、踊りの振りはもとより、せりふ、段切れの立廻リ、身顕《みあらわ》しに至るまですべてきちんと習得しなくてはなりません。

坂東流に入門すると最初に習うのが「加賀の菊」です。正式なタイトルが『菊づくし踊』といい、若衆歌舞伎時代の踊りが伝承されたものといわれています。子供の手ほどき曲として伝わったもので、せりふをいう部分もあり、坂東流の入門にふさわしい曲です。

歌詞は

加賀のお菊は酒屋の娘、顔は白菊紅菊つけて、よいこのよいこの、よいこの小菊、「とりなりしゃんと菊流し」、咲いて見事な扇車やくるくるくるくるま菊かさね菊、猩々舞《しょうじょうまい》の舞の袖、猩々舞の舞の袖、恋にこがるる身は唐錦《からにしき》、通う細道菊のませがき、さし足げ、とん飛びこえ、すとんと飛びこえ、じょんじょん女郎衆、ひとえふたえや三重四重七重八重菊の、御所のご紋の菊は九重。

日本舞踊の一番古い踊りです。

私も六歳の六月六日に坂東三津美お師匠さんに入門し、女踊りの「加賀の菊」と男踊りの『馬場先奴《ばばさきやっこ》』を教わりました。

『馬場先奴』も「加賀の菊」と同じ若衆歌舞伎時代の踊りです。登城した大名の家来である奴が、門の前で主人の帰りをまっている間の姿を踊りにしたものです。入門曲が上がりますと、『羽根の禿』、『手習子』、『藤娘』といった段物をお稽古するようになります。

歌舞伎舞踊の歴史を語る上で、坂東流は重要な流派のひとつです。坂東流の家元が代々歌舞伎役者であるという特色がきわだつのは「お狂言師」との関係を考えたときです。

お狂言師というのは、江戸時代、男子禁制の奥向きの娯楽として、当時町で流行っている歌舞伎や踊りを習得して御殿に出向いていた女芸人のことです。文化文政期の人気役者、三代目坂東三津五郎に弟子入りし、芸を移してもらったのが二代目坂東三津江で、浄瑠璃、お囃子、大道具方、つけ打ちにいたるまで女だけの一座を組み、徳川家をはじめ、加賀前田家、細川家などの諸大名家に出入りしました。

明治維新とともに、お狂言師は踊りの師匠や女役者になりましたが、三津江と、その弟子たちは、三代目三津五郎の振りをきちんと江戸時代を切り取ったように伝承してきました。三津江はそれを七代目三津五郎に伝えました。

坂東流にきちんと伝承されてきた舞踊に『京鹿子娘道成寺』があります。坂東流独自の口伝が伝えられています。三津江が八十八歳ぐらいのとき、「三代目さんから譲られた永木《えいき》（三代目三津五郎）の道成寺をお移ししましょう」といって、七代目三津五郎に伝授しました。

五大流派といわれる藤間、西川、花柳、若柳（花柳の分流）、坂東のうち、劇場付属の振付師から起ったのが、坂東をのぞく、四流派です。江戸時代、各歌舞伎の劇場には専属の振付師がいて、西川は宝暦（一七五一～一七六四）年間から（花柳は西川から、若柳は花柳から生まれた流派）、藤間流は寛政（一七八一～一八〇〇）ごろから、歌舞伎の振付師として劇場と関係を持つ振付師出身の流派です。

振りを「伝える」のではなく、「教える」ことが優先されました。役者に振りを付けることが仕事ですから、あくまでも役者の身体を優先し、うまく表現できなければ、役者の踊りやすい振りに変更します。振付師から起った流派に対し、坂東流が役者を家元とし、お狂言師が教わった通りを伝えていくという伝承の質の高さを維持したところに坂東流の存在意義があります。

『京人形』

本日実演します『京人形』は、名工左甚五郎が、吉原で見初めた傾城が忘れられず、気持ちを一心にこめて彫りあげた傾城の等身大の人形が動き出すという内容です。初演は一八四七年（弘化四）、江戸の河原崎座。常磐津の伴奏で踊ります。長唄との掛合のときもあります。

『京人形』を先ほどの踊りの構成に当てはめて説明します。

「おき」は通り神楽で幕が明き、〽身を捨つる廓あればこそ浮む瀬の　あるを頼みに憂き勤め　渡りくらべて名を流す」までで、色里での傾城の日頃の様子が語られます。

〽夜ごとにかわる肌々の　実と嘘とを問いかけられて　しばし眺むる顔世花」からが「出端」で、甚五郎が登場します。〽草に靡くの声あれば、木にも直ぐなる心の操　まして五体の備われば　迷うまいもの二世かけて」で甚五郎は人形を眺めます。すると、人形が箱の外に歩み出ます。甚五郎のせりふ「さてはかかめがわしを喜ばしょうと思うて出したものに違いない。これ、かか、てんごうすな。手あかがつくわいやい、この人形を誰が出した」があり、箱から出てきた人形が甚五郎を真似て、男の振りをそのままにいっしょに踊ります。傾城からもらった鏡を人形の懐に差し込むと、女の心になり、傾城の振りで踊ります。

「くどき」は〽如月の　しかも廓の家々に　入り来る太夫のその中に　一際目立つやさ姿ふつと見そめてうつかりと」からで、本来くどきは女の真情を告白するものですが、ここは甚五郎のくどきで、傾城を見初めたときのことを話します。人形なのであまり動くことができないということで、男のくどきになっています。人形の懐から鏡を出すとぶっきら棒な男の振りになります。

「踊り地」は〽おちょぼちょぼちょぼちょぼさまの　なんなんなりは　むっくりしゃっくり椋鳥《むくどり》じゃ　声は　鶯しおらしや　眉目《みめ》がよござれば　声も詞ものうコレサ　しなやかに」で、人形が裾をひいているのに、ぎくしゃくした振りをみせたりします。甚五郎と人形が同じ男の振りをおもしろそうに踊るというのが眼目です。

「ちらし」は〽おっとこれじゃと心づき　入るればたちまち手弱女《たおやめ》の思いこがるる胸の内　推量してと人形によれつ縺《もつ》れつ抱《いだ》きつき　離れがたなき」で、ふたりは楽しそうに寄り添い、幕となります。

◆実演：坂東温子

・「加賀の菊」舞踊の稽古風景を再現
・ワークショップ「お正月」
・『京人形』

※参考文献　坂東三津五郎『踊りの愉しみ』（岩波書店）
田口章子「正統な江戸歌舞伎舞踊をつたえる坂東流と女師匠たち」（「邦楽と舞踊」二〇〇七年一月号）
（二〇〇九年二月二日）

③歌舞伎舞踊の大道具〈講師：中田節（大道具方）〉

日本舞踊を裏で支えるのが歌舞伎大道具。舞台装置そのものが、主役として拍手の対象になることもある。すぐれた特殊性を舞踊の大道具の世界に学ぶ。

舞踊の舞台

歌舞伎舞踊の床というのは、所作台《しょさだい》を敷きます。檜の磨いた板で框《かまち》の厚さが四寸（一二センチ）で、長さが十二尺（三・六メートル）、幅は三尺（九一センチ）、文字通り檜舞台です。これを舞台前から縦に敷き、奥は横に敷きます。所作台がきれた奥は荒板でできた平台《ひらだい》を敷き、釘や鎹《かすがい》を打ち込めるようになっています。立ち木を立てたり、背景を飾ったりするのは平台の部分です。檜の所作台の部分が踊るエリアで、平台は大道具エリアということになります。

所作台は短辺の端と端を木ねじでねじ止めします。この二間の間はいっさい釘で止まっていません。框に根太《ねだ》が入っていて、根太に板が浮いた状態に置かれています。足拍子を踏むといい響きがするのはそのためです。

奇数枚で舞台に敷きつめると、ちょうどセンターにひとつのユニットの真ん中がきますので、センターで足拍子を踏んだときに「響きがいい」となるわけです。ですから基本は奇数枚ということになります。

この所作台を敷き詰めた檜舞台は能の舞台様式を踏襲していると考えられます。能舞台の下にはいくつかの空《から》の甕《かめ》が埋められています。それで足拍子の響きを調節しています。

普段は裸足や靴下であがってはいけません。能舞台の場合は、足袋《たび》、それも白足袋でなければいけないという約束があります。我々大道具は黒足袋です。烏足袋といって足袋の裏側も黒です。

以前、能舞台で日本舞踊の大道具の仕事をしたとき、黒足袋ではなく、白足袋で上がってほしいといわれました。大道具が白足袋で仕事をするのはどうもしっくりいきませんので、宗家に上申書を出して、許しを得たことがあります。

足袋をはくというのは、ひとつには足の油が檜舞台について板が痛むということが理由ですが、なぜ、白足袋かというと、能の舞台は神聖なところ、つまり、神殿と同じ扱いです。神様を通して交流する場という理解です。能では大道具を「作り物」といいますが、その作り物にも布地で養生しますし、釣鐘などにもクッションがしてあります。直接、舞台に硬いものをそのまま置くということはしません。

歌舞伎の所作台の場合は、そこまで限定されてはいません。下駄で踊る場合もありますし、裸足の場合もあります。『高坏《たかつき》』は下駄でタップダンスのような踊りを見せますし、『越後獅子』などでもかなり下駄で踏み鳴らします。

地方《じかた》の上がる台のことを山台《やまだい》あるいは高座《こうざ》といいます。地方《じかた》というのは演奏者のことです。踊る人を立方《たちかた》というのに対して生まれたことばが地方です。踊りの場合は通常、上手《かみて》と下手《しもて》に「あてもの」、「かこい」というついたてが斜めに立っているところに山台を組みます。舞台正面奥の場合もあります。この山台をつくるのも大道具の仕事です。

山台の高さですが、昔はもっと高かったという文献がありますが、現在は通常、一尺四寸の常足《つねあし》か二尺一寸の中足《ちゅうあし》、奥行きは三尺から四尺、奥いっぱいに赤い長座布団を敷き、その上にケコミを兼ねて茜布、場合によってはケコミが背景になることもあります。山の景ですとケコミも山が続いている土手にしてしまったり、雪の景ですと真っ白の土手にしてしまうということをします。山台という呼び名の由来もここからきていると思われます。

製作の実際

演目が決まると、舞台装置家に伝えられます。古典舞踊の場合、すでに先行デザインが存在しています。その存在がかなり大きい。先人によってきめられているものを定式道具《じょうしきどうぐ》といいますが、その概念が大きいというのが日本舞踊の装置の特徴です。

例えば、昔の歌舞伎の台帳（脚本）をみますと

舞台は秋の野、通り二重の土手。下手ほどよきところに銀杏の大木。上手ほどよきところにお定まりの辻堂。松立ち木など。上手見切りは岩組。

と書いてあります。

現在ならば、ここからデザイナーの仕事がはじまるわけですが、すでにデザイナーの仕事は終っているということになります。

大道具方には大きく分けて大工と絵描き（関西では絵屋《えや》といいます）の二つがあります。昔ですとこの台帳を読んだ絵屋はいっさいのみ込んで仕事を始めることができます。デザイナーに図案をおこしてもらわなくても、「お定《き》まり」といわれたら、「お定まり」の絵面《えづら》が頭に入っています。ですから直接舞台寸法の絵をおこしていくことができます。あるいは傷んでなければ、今まで使った木や辻堂を倉庫から引っ張り出してきてそれを使用するということになります。ですから、独立した舞台装置家が介在する余地はありません。長い間舞台装置家という職種は存在しませんでした。明治もだいぶくだってからのことです。明治以降、座付作者ではなく、文人作家台頭の時代と連動していると思います。

それまでは脚本を、座頭《ざがしら》がやりたいままを座付《ざつき》作者がまとめていましたから、デザインも好きなようにやっていたということです。それが今まで残ってきたというのがすごい。こんにち見ても決して見劣りしないデザインです。十八世紀前半から十九世紀にかけて確立されたものを我々は踏襲しています。

舞台美術を指示したものを「道具帳」といいます。明治になってあらたな道具帳が日本画家や西洋画家といった美術家によって描かれるようになりました。それまでは職人芸で踏襲されていました。

立方と道具帳をすりあわせて、ＯＫが出ると、実際の製作に入ります。道具帳は実際の寸法の三十分の一とか、五十分の一とかで描かれますから、それを実際の大きさに輪郭をあわせてあたります。現場ではつないで飾りますが、トラックで運搬するため、分割して製作します。

ベニヤを切り出し、クラフト紙を丁寧に貼っていきまして、地塗りをします。その上に道具帳をみながら、その通りの絵を描いていきます。

キャンバス地、ホネとも言いますが、空のホネに布を貼ったら、水糊という薄い糊をひきます。そこへ寸法をあたりまして、塗っていきます。すると家の壁が出来上がります。

昔は泥絵の具というのを使っていました。すり鉢でダマにならないように練り上げて、膠《にかわ》を使い定着させます。膠の温度管理は難しく、定着もあまりよくないため、運搬時にはぼろぼろと落ちます。今ではもっと扱いのいいアクリル系の絵具を使っています。

道具帳あれこれ

道具帳はその都度新しく描き上げるとは限りません。日本舞踊の会の場合、ことばのやりとりで舞台面が了解できてしまうという場合が少なからずあります。これが定式道具の手軽さです。

舞踊会で上演回数の多いものに『藤娘』があります。現在、上演される場合には、何も注文がなければ、舞台中央に松の大木があり、舞台いっぱいに広がった松の枝ぶりから藤の花房を舞台床まで垂らすという舞台を飾ります。

『鷺娘』の道具帳です（図1）。背景としては、雪持ちの水辺の情景で、いかにも寒々として鷺だけがいそうなシンプルな景です。立ち木は白柳《しろやなぎ》とか銀柳《ぎんやなぎ》を出します。関西では銀柳が一般的です。銀紙の葉っぱを咲かせた柳で、現実にはありえないシュールな柳です。

『蝶の道行《みちゆき》』。もともとは古い舞踊に属するものですが、途絶えていたものを復活上演したこともあり、照明に変化をつけ、ブラックライトを使い、蛍光塗料を塗った大きな蝶を飛ばし、幻想的に見せるという演出をします。一景が花畑で、二景が岩場になります。一景の花畑は関西では菊畑で関東では牡丹という違いがあります。立方が衣裳替えをしている間に岩場の二景にかわります。

「町屋《まちや》」という飾りも典型的なものです。『越後獅子』、『角兵衛』、『玉屋』、『傀儡師《かいらいし》』などの舞踊に用います。暖簾がかかっていますが、ここに舞踊会の会主の紋を入れたりします。
「黒塀」。「粋な黒塀、見越しの松に」というように、粋な黒板の塀です。吉原などの遊廓に近いあたりという設定で、粋筋の女性がいることを暗示します。『うかれ坊主』、『座頭《ざとう》』、『雨の五郎』等の舞踊に用います。あるいは廓そのものという場合もあります。

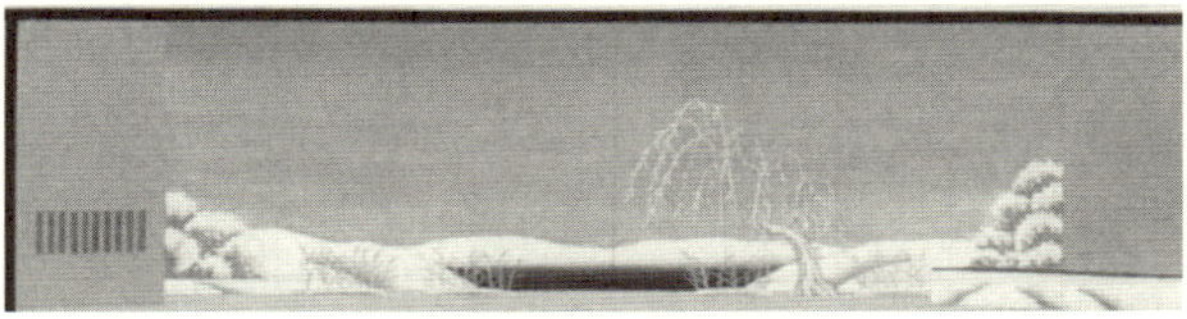
（図１）『鷺娘』の道具帳

（図２）「松羽目」

（図３）「吉原仲之町」

座敷。建物の中をあらわしてしかも舞台に飾る建物、屋体、大きい広間でシンメトリーに飾るものを「大平《おおひら》」と呼びます。
「奥庭」の飾りもあります。御殿の奥庭をあらわす定式背景です。御殿の一部、泉水があり、築島がみえて、よく手入れされた庭木が幾つか見えていて網代塀で囲われているというのが、奥庭の典型で、位置はかわっても記号的な品物は一緒で、誰が描いてもこうなります。著作権の介在はありません。
「松羽目《まつばめ》」（図２）。これも著作権フリー、誰が描いてもこうなります。板に松が描いてあり、袖の部分には竹、下手には五色の幕、上手には憶病口があります。これは明治期になってから、能や狂言を歌舞伎化した松羽目物がはやり、この飾りを多用するようになりました。『連獅子』、『船弁慶』、『末広がり』、『棒しばり』、『三番叟《さんばそう》』などで使われます。歌舞伎を代表するような舞台装置になっていますが、案外新しい感覚のものです。歌舞伎の舞台美術の衰退だという人もいます。たしかに見事な考案であるといいながら、明治期の歌舞伎が捉われてしまったある種の近代化思想の行き詰まりというものが象徴的に、この板松にあらわれているのではないかというわけです。

もともとは能からきているもので、神の依代《よりしろ》としての影向《ようごう》の松を鏡板に描いたというのが能楽堂の松ですが、舞台越しに松をみていますから、当然、幹のところから描かれていて、歌舞伎の松は根上がりのところから描かれています。

本来、舞台美術は舞台作品を支える一部であり、決して舞台の主役になってはならないものです。しかし、歌舞伎芝居の場合は独立した工芸として拍手の対象になります。せり上がりなどはその典型で、立方のいない空舞台、例えば、「吉原仲之町」（図3）、「祭り町屋」など、錦絵のような舞台が空で幕が明くというのはいいものです。華やかでシンメトリックな舞台面の美しさは見事です。『女伊達』、『供奴』、『吉原雀』など、江戸最大の遊廓、吉原の春の夜景が踊りを盛り立てます。

定式を踏襲しながら、どこまで逸脱できるか。そういう意識を大事にしながら、今にあった古典を作っていくというのが我々の仕事です

※参考文献　中田節『大道具で楽しむ歌舞伎舞踊』（二〇一〇年十一月八日）

④長唄〈講師：今藤政太郎（三味線演奏家）〉

江戸を代表する音曲のひとつ。長唄をあえて江戸長唄と表現することがある。上方音曲の影響下になった長唄が江戸で洗練されたということを物語っている。

歌舞伎の伴奏音楽として

長唄は三味線音楽のひとつで、唄と三味線からなる歌曲です。三味線は細棹を用います。江戸時代、歌舞伎の伴奏音楽として発展しました。江戸での伝承が中心であるために、江戸長唄ともいわれます。上方で発達した「地歌」の長歌と区別するために「唄」の文字を使います。

享保から宝暦期（一七一六〜六四）は、女形による舞踊が流行し、舞踊の伴奏曲として注目を集めます。代表曲に『京鹿子娘道成寺《きょうがのこむすめどうじょうじ》』、『越後獅子《えちごじし》』、『勧進帳《かんじんちょう》』、『鷺娘《さぎむすめ》』、『二人椀久《ににんわんきゅう》』、『汐汲《しおくみ》』、『連獅子《れんじし》』などがあります。

なお、純演奏曲としては、『吾妻八景』、『秋色草《あきのいろくさ》』などたくさんの名曲があります。

西から東へ

『京鹿子娘道成寺』を例にあげ、長唄の歴史についてお話しします。一七五三年（宝暦三）三月に江戸の中村座で初演されました。杵屋弥十郎作曲、藤本斗文作詞です。京都で上演した『百千鳥娘道成寺《ももちどりむすめどうじょうじ》』を初代中村富十郎が江戸で初演するに当たり、京土産の意味をこめて「京鹿子」と冠したといわれています。安珍清姫の伝説を素材にした「道成寺物」の決定版になった作品です。

女形による舞踊が、享保から宝暦（一七一六〜六四）にかけて流行すると、長唄の演奏者たちが、上方から役者と一緒に江戸に下ってきました。『京鹿子娘道成寺』は上方で発達した上方歌、「地歌」の影響を受けてつくられた作品です。

全体の構成は、「道行」、「乱拍子《らんびょうし》」、「中啓の舞」、「手踊」、「鞠唄」、「花笠踊」、「くどき」、「山づくし」、「手踊」、「鈴太鼓」、「鐘入り」、「祈り」、「蛇体」、「押戻し」から成っています。

どのようにして『京鹿子娘道成寺』は、江戸長唄の代表的な名曲になっていったのか、具体的に探ってみたいと思います。

まず、「四方《よも》のけしき」を聴いてください。これは、京都のわらべうたです。それを耳にした中村富十郎が、「鞠唄」として『京鹿子娘道成寺』に加えることを思いついたのではないかと言われています。「鞠唄」を弾いてみます。一曲中、一番華やかな部分です。この「鞠唄」をベタづきで、わらべうたのテンポで弾いてみます。大変酷似していることがわかります。

ベタづきというのは、三味線の旋律をほぼ同じく唄うことを意味し、プロの演奏家がそのように演奏することはあまりありません。曲のこしらえ方として普通、三味線の旋律をまず作って、それに唄をはめるという手順をとっています。

わらべうたとの関係を考えてみましたが、地歌との関係を知るために、「中啓の舞」（鐘づくし）も同じようにやってみます。先ず現行通りに弾いてみます。次にベタづきで演奏してみます。ベタづきで弾くと、上方風に朗読しているときのアクセントとほとんど同じに聴こえます。京のアクセントと三味線の旋律が妙に似ていることに気が付きます。

おそらく江戸長唄の揺籃期には上方の影響が大きく、そのような演奏が普通にされていたと想像されます。そんな想像をするのも邦楽の楽しみ方のひとつだと思います。

「鞠唄」の歌詞に注目してみると、「づくし」、「廓づくし」が特徴的です。「づくし」というのはそのカテゴリーのものをいくつも集めたものです。「廓づくし」は、縁語を用いて、廓を次々に詠みこんでいます。

恋のわけ里、武士も道具の伏編笠で、張と意気地の吉原。花の都は歌で和らぐ敷島原に、勤めする身は、誰と伏見の墨染。煩悩菩提の鐘木町より、難波四筋に、通い木辻に、禿立ちから室の早咲き、それがほんに色じゃ、

一イ二ウ三イ四ウ、夜露雪の日、下の関路も、共にこの身を、馴染みを重ねて、仲は丸山ただ丸かれと、思い初めたが縁じゃえ。

江戸の吉原、京の島原、伏見の墨染と鐘木町、大坂の新町、奈良の木辻、播磨の室、長門の下関、長崎の丸山と全国の遊里の地名を詠みこみ、イメージの連想を膨らませていきます。

有名な廓をひとつづきの唄にして演奏するのは、世界的にも珍しいのではないでしょうか。「づくし」は「花づくし」、「鳥づくし」、「当たるものづくし」など古曲によく見られます。『京鹿子娘道成寺』のなかにも、「鞠唄」の廓づくしのほかに、「中啓の舞」の鐘づくし、日本国中の山々を詠みこんだ「山づくし」、があります。縁語や和歌を引用して実際の山の名というより歌枕の山々を詠いこむそのレトリックの見事さに圧倒されます。

こうした比較をしてみますと、『京鹿子娘道成寺』の「鞠唄」は、元は「四方のけしき」のように、ベタづきで演奏されていたのではないでしょうか。それが西から東へ下ってきて、意図的に洗練され、あるいは意図せずとも江戸の人々のことばの影響を受けて必然的に、現在の三味線と唄との「つかず離れず」の演奏になっていったと考えられます。

つぎは「ノリ」について考えてみたいと思います。「ノリ」というのは、三味線のテンポのことで、特に、一曲中の緩急の変化のことです。とはお話ししたものの、実は日本の芸術、特にイキとかイキ合いなどといわれている、ひとくちでは言い表せない独特の曲の流れを支配する「魔物」のようなものも含まれているように思われます。演奏者は楽屋に帰ると「今日はイキが合った」といっては喜び合い、「イキが合わなかった」といってはがっかりしたりしています。

もしこのことを手だれのお客様が感じとれば、それはそれで奥行が深まることと思います。演奏者にとってはうれしいことでもありますが、とてつもなく恐ろしいことでもあります。「鞠唄」は、昔はもっとゆっくり演奏されていたはずです。そもそも手鞠はゴム鞠ではないので、跳ね返りが少ないものです。

初代中村富十郎のころは、まだ、「ノリ」で聴かせるということはあまりなかったのでしょう。曲の作り方から考えますと、いろいろの変遷があったに違いないと思われます。西から東への移行のみならず、時間の経過によっても、いろいろの歌舞伎役者の工夫によっても、テンポや演出も変わっていったのでしょう。

「語り物」と違って、『京鹿子娘道成寺』は唄い物ですから、筋を聴かせるものではありません。変遷過程でさらに、ダンスナンバーを集約した形になっていったのではないでしょうか。

（二〇一一年十二月七日）

◆実演：今藤政太郎（三味線）今藤政貴（唄）

・「四方のけしき」、「鞠唄」、「中啓の舞」の比較演奏。

・ワークショップ「花のほかには松ばかり」の長唄体験。最後に『京鹿子娘道成寺』のなかから、「中啓の舞」「手踊り」「鞠唄」「くどき」「山づくし」をメドレーで実演。

⑤清元〈講師：清元清寿太夫（清元浄瑠璃太夫）〉

清元《きよもと》は、語り物として江戸で最も遅く成立した浄瑠璃である。「粋《いき》」という江戸特有の美意識をみごとに体現している。

派手で粋な清元

浄瑠璃は上方と江戸に分かれますが、まず上方に生まれました。それが江戸に伝わってきまして、江戸独自のものが生まれてきます。上方に生まれた浄瑠璃は、義太夫《ぎだゆう》、一中《いっちゅう》、宮薗《みやぞの》、江戸は常磐津《ときわづ》、富本《とみもと》、清元《きよもと》、新内《しんない》、河東《かとう》が生まれました。

江戸の浄瑠璃の元になったのが、豊後節《ぶんごぶし》です。宮古路豊後掾《みやこじぶんごのじょう》の豊後節が、江戸で大流行しますが、その語り口があまりにも官能的で風紀をみだすということで禁止となります。豊後掾の高弟文字太夫《もじたゆう》が新流派を立てたのが、常磐津《ときわづ》節《ぶし》です。この常磐津文字太夫と同門であった小文字太夫が分派してできたのが富本節です。富本から派生したのが、清元節です。

常磐津、富本、清元を豊後三流といいますが、江戸時代にできた浄瑠璃のなかではもっとも新しいものです。延寿太夫《えんじゅたゆう》が一八一四年（文化十）に清元節を立てたのが清元節の始まりです。初世延寿太夫、二世延寿太夫はともに美声家で知られ、曲のなかに当時のはやり唄を取り入れるなどの工夫をして曲調を確立しました。四世延寿太夫は歌舞伎作者の河竹黙阿弥と組んで、場面効果を盛り上げる演出「他所事浄瑠璃《よそごとじょうるり》」を完成させました。

清元発展に大変貢献したのが、五代目延寿太夫です。江戸時代の終わり、一八六二年（文久二）に生まれ、一九四三年（昭和十八）に亡くなった太夫です。明治時代の流れにしたがって高尚志向に合うような上品な語り口や曲調に改めたことで、清元を隆盛に導きました。「保名《やすな》」（『深山桜及兼樹振《みやまのはなとどかぬえだぶり》』）は、歌舞伎舞踊の代表的演目ですが、五代目延寿太夫が歌舞伎役者六代目尾上菊五郎とともに工夫を凝らしたことで清元らしさを強調する曲となり、今でもたびたび上演されています。当代で七代、開曲してから、今年で一九五年の歴史を迎えようとしています。

特徴はなんといっても、派手で粋なことです。そのために語る声の幅が広いというのも特徴のひとつとしてあげることができます。高音域で艶っぽく声を出さなくてはならないからです。柔らかく歌わなくてはなりません。

演奏スタイルは二挺二枚、三味線が二挺で太夫が二人という意味です。二挺三枚のときもあります。現在は江戸時代にくらべ劇場がおおきくなっていますので、三挺四枚、つまり三味線を弾く人が三人、語る太夫が四人というスタイルでやることもあります。

歌舞伎の舞踊曲だけでなく、素浄瑠璃曲が多いのも特徴です。「北州」「梅の春」「青海波」「四季三葉草」は素浄瑠璃の代表的作品、「隅田川」「権八」「累」「十六夜清心」「三千歳」「保名」「落人」「喜撰」「三社祭」「流星」などは歌舞伎舞踊の伴奏として語る作品です。

素浄瑠璃「北州」

正式な外題は『北州千歳寿《ほくしゅうせんざいのことぶき》』です。一八一八年（文化十五）に、吉原の芸者だった川口お直が素浄瑠璃として作曲したものです。北州とは吉原のことです。江戸城を中心にするとその北に位置したのでそう呼ばれました。

作者は江戸文壇の大御所、大田南畝《なんぽ》です。清元節の後援者で、この曲も清元のために作詞したもので、吉原の四季の風物が中心の内容です。

〽およそ千年の鶴は」ではじまりますが、この歌詞は能の「翁」にある詞章「およそ千年の鶴は万歳楽とうたふたり。また万代の池の亀は甲に三極を備えたり」をもじったものです。能の詞章を取り入れているので、謡をイメージした語りだしをします。

〽霞のころも衣紋坂《えもんざか》」からはパッとくだけて、まず、吉原の正月の風物詩を、

〽衣紋つくろう初買《はつかい》の　袂ゆたかに大門の花の江戸町京町や　背中あわせの松飾」と語ります。これは、遊客が正月二日の夜遊びに行くと松飾が江戸町や京町の道を狭くしている光景をいっています。

〽松の位を見返りの」は、三月の吉原仲の町の桜の花植え、五月には衣替え、

〽はや八朔の白無垢」は、八月一日には吉原の遊女が白無垢の綿入れを着て道中をすることです。

〽二度の月見に逢いとて見とて」は、吉原では陰暦八月十五日と陰暦九月十三日の二度の月見を約束することを二度の月といいます。二度来ないと、片身月といって忌み嫌いました。

〽露うちかけの菊がさね」以降、重陽《ちょうよう》の節句。十一月の鷲神社の酉の市、暮れの浅草の酉の市と四季折々を綴り、吉原を寿ぎます。

〽隅田の流れ清元の寿延る太夫」というのは、初代清元延寿太夫の名前を読みこんだもので、出だし同様、能がかりで語り終えます。

素浄瑠璃のご祝儀曲として代表的な曲であるばかりではなく、清元にとって大切な曲であります。

歌舞伎舞踊「落人」

『仮名手本忠臣蔵』の三段目「裏門」を舞踊化したもので、一八三三年（天保四）に開曲されました。お軽と勘平がひと目をさけて落のびていく場面を舞踊に仕立てたものです。

「落人《おちうど》」は正式な外題を『道行旅路《みちゆきたびじ》の花聟《はなむこ》』といいますが、語りだしが〽落人も見るかや野辺に若草の」ではじまるので、通称「落人」といわれています。この語りだしの音階もいかにも清元らしいものです。

道行ですが、お軽が勘平をともなって明るく楽しい道中という雰囲気を出さなければなりません。ですから、曲調も華やかです。お軽に片思いの鷺坂伴内という滑稽な役どころも登場します。

舞踊は、「置」、「出端」、「クドキ」、「踊り地」、「チラシ」という構成で組み立てられています。「クドキ」は聞かせどころで、「落人」は「クドキ」が二か所あります。

一つ目は

〽色で逢いしも昨日今日　かたい屋敷の御奉公　あの奥様のお使いが　二人が塩谷の御家来で　その悪縁か白猿に
よう似た顔の錦絵の　こんな縁しが唐紙の　おしのつがいの楽しみに　泊り泊りの旅籠屋で　ほんの旅寝の仮枕
嬉しい仲じゃ　ないかいな

ここは、お軽が勘平との恋の罪深いことを嘆きながらも、旅寝の仮枕を楽しむ様子が語られます。

二つ目は

〽それ其時のうろたへ者には誰がした　みんなわたしがこころから　死ぬるその身を長らえて　思い直して親里へ
連れて夫婦が身を忍び　野暮な田舎の　暮しには　機も織り候　賃仕事　常の女子と言われても　取乱したる真
実が　やがて届いて山崎の　ほんに私が　ある故に　今のお前の憂き難儀　堪忍してとばかりにて　人目なけれ
ば寄り添うて　言葉に色をや含むらん

お軽の勘平に対する献身的で健気な愛情が語られるところです。いずれも、登場人物の心情を描いているのが「クドキ」ですから、踊り手にとっても見せ場になるところなので、いっそう力が入ります。

◆実演：清元清寿太夫・清元國恵太夫（浄瑠璃）／**清元栄吉・清元美十郎**（三味線）

・「北州」「落人」の演奏（※二〇一六年で清元は開曲二〇二年を迎えた）

（二〇〇九年一月二十六日）

付篇

日本芸能史　公開連続講座開講記録

◆二〇〇二年度

前期
「日本の伝統芸能」

1 総論　諏訪春雄（理論）
2 雅楽　芝祐靖（実演）
3 雅楽　芝祐靖（実演）
4 能　河村信重（実演）
5 能　河村信重（実演）
6 能　観世榮夫（実演）
7 能　観世榮夫（実演）
8 狂言　茂山千三郎（実演）
9 民俗芸能　諏訪春雄（理論）
10 壬生狂言　壬生大念佛講（実演）
11 琵琶　上原まり（実演）
12 琵琶　上原まり（実演）
13 琵琶　上原まり（実演）

後期

1 京舞　岡田万里子（理論）
2 京舞　岡田万里子（理論）
3 京舞　井上八千代（聞き手　小林昌廣／実演）
4 京舞　岡田万里子（理論）
5 京舞　岡田万里子（理論）
6 歌舞伎　田口章子（歴史／理論）
7 文楽　後藤静雄（理論）
9 歌舞伎　石川耕士（脚本／理論）
10 鳴り物　藤舎呂船（実演）
11 歌舞伎　市川猿之助（演技表現／実演）
12 日本舞踊　藤間紫（実演）
13 日本舞踊　藤間吉蔵（実演）

◆二〇〇三年度

前期
「日本の伝統芸能」

1 総論　諏訪春雄（理論）
2 雅楽　芝祐靖（実演）
3 雅楽　芝祐靖（実演）
4 能　観世榮夫（実演）

5　能　片山清司（実演）
6　能　河村信重（実演）
7　狂言　茂山忠三郎（実演）
8　狂言　茂山千三郎（実演）
9　民俗芸能　諏訪春雄（理論）
10　壬生狂言　壬生大念佛講（実演）
11　浪曲　国本武春（実演）
12　琵琶　上原まり（実演）
13　琵琶　須田誠舟（実演）

後期
1　神楽　小島美子（理論）
2　京舞　井上八千代（聞き手　小林昌廣）
3　日本舞踊　小林昌廣（理論）
4　文楽　竹本綱大夫　鶴澤清二郎（実演）
（聞き手　田口章子）
5　文楽　後藤静夫（理論）
6　歌舞伎　葛西聖司（マスメディアと歌舞伎／理論）
7　浮世絵　新藤茂（理論）
8　常磐津　常磐津都㐂蔵（実演）
9　上方舞　山村若（聞き手　小林昌廣）
10　日本舞踊　藤間吉蔵（実演）
11　歌舞伎　石川耕士（脚本／理論）
12　歌舞伎　市川笑三郎（演技表現／実演）

◆二〇〇四年度

前期
1　御神楽　伏見稲荷大社（実演）（解説　木戸敏郎）
2　雅楽　芝祐靖（理論と実演）
3　聲明　天台宗総本山比叡山延暦寺法儀音律研究部
（実演）（解説　木戸敏郎）
4　平曲　今井勉（聞き手　田口章子）（実演）
5　壬生狂言　壬生大念佛講（実演）
6　狂言　茂山忠三郎（実演）
7　狂言　茂山千三郎（実演）
8　能　片山清司（聞き手　田口章子）（実演）
9　能　田茂井廣道（実演）
10　長唄　今藤政太郎（実演）
11　鳴り物　藤舎呂船（実演）

後期
1　上方舞　山村若（聞き手　小林昌廣）（実演）

2 日本舞踊　小林昌廣（理論）
3 京舞　井上八千代（聞き手　小林昌廣）（実演）
4 文楽　竹本綱大夫　鶴澤清二郎（実演）
（聞き手　田口章子）
5 文楽　吉田和生（実演）
6 文楽　後藤静夫（理論）
7 横笛　藤舎名生（実演）
8 歌舞伎　竹本葵太夫（実演）
9 歌舞伎　石川耕士（脚本／理論）
10 歌舞伎　諏訪春雄（歌舞伎と中国演劇／理論）
11 歌舞伎　市川笑三郎（演技表現／理論と実演）

◆二〇〇五年度

前期「ことばと芸能」
1 語り物と話芸　関山和夫（理論）
2 浪曲　国本武春（実演）
3 六道講式　天台宗総本山比叡山延暦寺法儀音律研究部（実演）（解説　木戸敏郎）
4 節談説教　廣陵兼純（解説　関山和夫）（実演）
5 能　田茂井廣道（実演）
6 狂言、茂山千三郎（実演）
7 能　片山清司（実演）
8 説経浄瑠璃　若松若太夫（実演）
9 落語　笑福亭松喬（実演）
10 常磐津　常磐津都𠀋蔵（実演）
11 文楽　竹本綱大夫　鶴澤清二郎（実演）
（聞き手　田口章子）
12 琵琶　上原まり（実演）
13 講談　宝井馬琴（実演）

後期「身体と芸能」
1 身体論　小林昌廣（理論）
2 歌舞〈東遊び〉平安雅楽会（実演）（解説　木戸敏郎）
3 雅楽　芝祐靖（実演）
4 京舞　井上八千代（聞き手　小林昌廣）
5 文楽　吉田和生（実演）（解説　後藤静夫）
6 壬生狂言　壬生大念仏講（実演）
7 上方舞　山村若（聞き手　小林昌廣）
8 歌舞伎　田口章子（理論）
9 歌舞伎　石川耕士（脚本／理論）
10 歌舞伎　毛利臣男（衣裳／理論）
11 粋芸　祇園「波木井」波木井正夫（実演）

12　比較芸能史　諏訪春雄（理論）

◆二〇〇六年度

前期「はなす芸とかたる芸」

1　総論　諏訪春雄（理論）
2　聲明　天台宗総本山比叡山延暦寺法儀音律研究部
（実演）（解説　木戸敏郎）
3　祭文〈貝祭文〉櫻川雛山（実演）（解説　関山和夫）
4　節談説教　廣陵兼純（実演）（解説　関山和夫）
5　平曲　今井勉（実演）（解説　関山和夫）
6　琵琶　上原まり（実演）
7　万歳〈尾張万歳〉北川幸太郎（実演）
8　落語　関山和夫（理論）
9　落語〈芝居噺〉林家正雀（実演）（解説　関山和夫）
10　文楽　田口章子（理論）
11　文楽　竹本綱大夫　鶴澤清二郎（実演）
（聞き手　田口章子）
12　講談　宝井馬琴（実演）
13　浪曲　国本武春（実演）

後期「まう芸とおどる芸」

1　総論　諏訪春雄（理論）
2　舞楽　天王寺楽所雅亮会（実演）（解説　木戸敏郎）
3　上方舞　山村若（実演）（聞き手　小林昌廣）
4　京舞　井上八千代（聞き手　小林昌廣）
5　日本舞踊　坂東温子（実演）（聞き手　田口章子）
6　壬生狂言　壬生大念仏講（実演）
7　能　片山清司（実演）
8　狂言　茂山忠三郎　茂山良暢（実演）
9　歌舞伎〈スーパー歌舞伎〉梅原猛（理論）
10　歌舞伎〈脚本〉石川耕士（理論）
11　歌舞伎〈劇場論〉木戸敏郎（理論）
12　神楽　石見神楽温泉津舞子連中（実演）

◆二〇〇七年度

前期「上方と周辺の芸能」

1　総論　諏訪春雄（理論）
2　御神楽　伏見稲荷大社（実演）（解説　木戸敏郎）
3　聲明　天台宗総本山比叡山延暦寺法儀音律研究部
（実演）（解説　木戸敏郎）
4　落語　林家染丸（実演）

5　絵解き　関山和夫（実演）
6　平曲　今井勉（実演）（解説　関山和夫）
7　壬生狂言　壬生大念佛講（実演）
8　上方舞　山村若（実演）
9　能　片山清司（実演）
10　京舞　井上八千代（聞き手　田口章子）（実演）
11　文楽　竹本綱大夫　鶴澤清二郎（実演）
（聞き手　田口章子）
12　狂言　茂山忠三郎　茂山良暢（実演）
13　琵琶　上原まり（実演）

後期「江戸と周辺の芸能」
1　総論　諏訪春雄（理論）
2　日本舞踊　坂東温子（実演）（聞き手　田口章子）
3　歌舞伎舞踊の大道具　中田節（理論）
4　説経浄瑠璃　若松若太夫（実演）
5　長唄　今藤政太郎（実演）
6　常磐津　常磐津都㐂蔵（実演）
7　清元　清元清寿太夫（実演）
8　歌舞伎　田口章子（理論）
9　鳴り物　藤舎呂船（実演）
10　歌舞伎〈脚本〉石川耕士（理論）
11　講談　宝井馬琴（実演）
12　万歳〈尾張万歳〉北川幸太郎（実演）
13　浮世絵　武藤純子（理論）

◆二〇〇八年度

前期「渡来の芸能」
1　総論　諏訪春雄（理論）
2　楽所と国所　木戸敏郎（理論）
3　聲明　天台宗総本山比叡山延暦寺法儀音律研究部
（実演）（解説　木戸敏郎）
4　雅楽　芝祐靖（実演）
5　舞楽　天王寺楽所雅亮会（実演）（解説　木戸敏郎）
6　曼荼羅　鎌田東二（理論）
7　絵解き　関山和夫（理論）
8　方相氏　平安神宮（実演）
9　万歳〈尾張万歳〉北川幸太郎（実演）
10　来訪神儀礼　諏訪春雄（理論）
11　琵琶　上原まり（実演）
12　淡路人形浄瑠璃　淡路人形座（実演）

後期「固有の芸能」

1　総論　諏訪春雄（理論）
2　能　片山清司（実演）
3　文楽　竹本綱大夫　鶴澤清二郎（実演）
（聞き手　田口章子）
4　京舞　井上八千代（実演）（聞き手　田口章子）
5　歌舞伎　田口章子（理論）
6　落語　笑福亭松喬（実演）
7　狂言　茂山忠三郎　茂山良暢（実演）
8　壬生狂言　壬生大念佛講（実演）
9　常磐津　常磐津都㐂蔵（実演）
10　歌舞　春日大社南都楽所（解説　木戸敏郎）
11　清元　清元清寿太夫（実演）
12　日本舞踊　坂東温子（実演）（聞き手　田口章子）

◆二〇〇九年度

特別企画「はじめての日韓比較芸能史
～韓国芸術総合学校交流記念～」

前期

1　総論　日本と韓国の芸能　諏訪春雄（理論）
〈獅子の呪力〉
2　韓国の獅子舞　孫炳萬 他（実演）（解説　崔昌柱）
3　日本の獅子舞　別所西獅子舞（実演）
〈神の声を聴く〉
4　韓国のシャーマニズム　崔吉城（理論）
5　韓国のムーダン　徐溶錫 他（実演）（解説　梁性玉）
6　日本の巫女　川島秀一（理論）
7　日韓シャーマニズムと舞踊　諏訪春雄（理論）
〈神々が舞う〉
8　舞楽　天王寺楽所雅亮会（実演）
（解説　木戸敏郎）
9　韓国（朝鮮）舞踊　裵梨花（実演）
10　日本舞踊　坂東温子（実演）（聞き手　田口章子）
〈日朝の交流〉
11　朝鮮通信使と芸能　仲尾宏（理論）
12　唐人踊り　牛頭天王社（実演）（解説　和田佐喜男）

後期

1　総論　韓国の祭礼　諏訪春雄（理論）
〈神の声を家々に届ける〉
2　韓国の門付け芸　朴銓烈（理論）
3　日本の門付け芸　尾張万歳　北川幸太郎（実演）

〈神に代わって語る〉
4　日韓の語り物芸　諏訪春雄（理論）
5　韓国のパンソリ　安淑善（実演）
6　義太夫　竹本綱大夫　鶴澤清二郎（実演）
（聞き手　田口章子）
〈神霊が動き出す〉
7　淡路人形浄瑠璃　淡路人形座（実演）
8　韓国の人形芸と仮面芸　野村伸一（理論）
9　能　片山清司（実演）
〈土地の神霊を動かす〉
10　韓国の農楽　ハンマダン　朴実（実演）
11　日本の田囃子　上今明田囃子保存会（実演）
12　日韓伝統芸術交流史　韓国芸術総合学校（実演）
（解説　金海淑）

◆二〇一〇年度

「聖と俗」
前期「神仏を中心に」
1　総論　諏訪春雄（理論）
2　聲明　天台宗総本山比叡山延暦寺法儀音律研究部
（実演）（解説　木戸敏郎）
3　御神楽　伏見稲荷大社（実演）（解説　木戸敏郎）
4　壬生狂言　壬生大念佛講（実演）
5　能　諏訪春雄（理論）
6　能　片山清司（実演）
7　平曲　今井勉（実演）
8　淡路人形浄瑠璃　淡路人形座（実演）
9　京舞　井上八千代（実演）（聞き手　田口章子）
10　万歳〈尾張万歳〉尾張万歳保存会（実演）
11　琵琶　上原まり（実演）
12　神楽　石見神楽温泉津舞子連中（実演）
後期「人を中心に」
1　諏訪春雄（理論）
2　狂言　茂山忠三郎　茂山良暢（実演）
3　義太夫　竹本綱大夫　鶴澤清二郎
（聞き手　田口章子）
4　歌舞伎舞踊の大道具　中田節（理論）
5　日本舞踊　坂東温子（実演）（聞き手　田口章子）
6　歌舞伎　田口章子（理論）
7　子供歌舞伎　松尾日出子（理論）
8　落語　笑福亭松喬（実演）

9　常磐津　常磐津都㐂蔵　常磐津都史（実演）
10　鳴り物　藤舎呂船（実演）
11　大道芸　諏訪春雄（理論）
12　江戸太神楽　丸一仙翁社中（実演）

【東京】

「芸能の力～生命の更新～」
1　総論　諏訪春雄（理論）
2　神楽　小林泰三（実演）
3　能　観世銕之丞（実演）
4　琵琶　上原まり（実演）
5　京舞　井上八千代（実演）
6　日本の伝統芸能「七つの視点」諏訪春雄（理論）
7　邦楽囃子　藤舎呂船（実演）
8　義太夫　竹本綱大夫　鶴澤清二郎（実演）
9　常磐津　常磐津都㐂蔵　常磐津都史（実演）
10　歌舞伎　葛西聖司（理論）

◆二〇一一年度

「芸能と芸道」

前期「芸能」
1　総論　諏訪春雄（理論）
2　舞楽　天王寺楽所雅亮会（実演）（解説　木戸敏郎）
3　能　片山九郎右衛門（実演）
4　京舞　井上八千代（実演）（聞き手　田口章子）
5　壬生狂言　壬生大念佛講（実演）
6　琵琶　上原まり（実演）
7　歌舞伎　田口章子（理論）
8　日本舞踊　坂東温子（実演）（聞き手　田口章子）
9　民族芸能　諏訪春雄（理論）
10　琉球舞踊　宮城能鳳　西江喜春（実演）
（解説　茂木仁史）
11　田原のカッコスリ　多治神社民俗芸能保存会（実演）
12　神楽　石見神楽温泉津舞子連中（実演）
13　長浜曳山まつり（財）長浜曳山文化協会（実演）

後期「芸道」
1　総論　諏訪春雄（理論）
2　香道　畑正高（理論）
3　義太夫　竹本源大夫　鶴澤清二郎
（聞き手　田口章子）
4　日本画　千住博（実演）

5 常磐津　常磐津都㐂蔵　常磐津都史（実演）
6 煎茶道　小川後楽（理論）
7 日本の建築　諏訪春雄（理論）
8 華道　池坊由紀（実演）
9 道具　藤浪小道具　湯川弘明（理論）
10 小唄　春日とよ子（実演）（聞き手　田口章子）
11 料理　森川裕之（理論）
12 淀川三十石船船唄　淀川三十石船大塚保存会（実演）

【東京】

「東の芸能と西の芸能」
1 総論　諏訪春雄（理論）
2 常磐津　常磐津都㐂蔵　常磐津都史（実演）
3 長唄　今藤政太郎（実演）
4 清元　清元清寿太夫（実演）
5 日本舞踊　坂東寿子（実演）
6 日本芸能の東と西　諏訪春雄（理論）
7 能　片山九郎右衛門（実演）
8 上方舞　山村若（実演）
9 義太夫　竹本綱大夫　鶴澤清二郎（実演）
10 歌舞伎　田口章子（理論）

◆二〇一二年度

特別企画「芸能史の中世〜中世を知らずに日本芸能史は語れない〜」

前期
1 総論「中世の精神革命」諏訪春雄（理論）
2 茶・花・香　村井康彦（理論）
3 闘茶　筒井紘一・麹谷宏（実演）
4 華道　佐野珠寶（実演）
5 香道　山田英夫（実演）
6 聲明　天台宗総本山比叡山延暦寺法儀音律研究部（実演）（解説　木戸俊郎）
7 能・狂言　諏訪春雄（理論）
8 能　片山九郎右衛門（実演）
9 狂言　茂山良暢（実演）
10 方相氏　平安神宮（実演）
11 音曲　木戸俊郎（理論）
12 平曲　今井勉（実演）
13 壬生狂言　壬生寺大念佛講（実演）

後期

1 総論「中世の芸能革命」諏訪春雄（理論）
2 舞楽 天王寺楽所雅亮会（実演）（解説 木戸俊郎）
3 御神楽 伏見稲荷大社（実演）（解説 木戸俊郎）
4 石見神楽 石見神楽温泉津舞子連中（実演）
5 精進料理 棚橋俊夫（理論）
6 絵解き 林雅彦（理論）
7 尾張万歳 尾張万歳保存会 北川幸太郎（実演）
8 芸能の場 山・広場・舞台 諏訪春雄（理論）
9 説経浄瑠璃 若松若太夫（実演）
10 連歌 近藤蕉肝（理論）
11 講談 宝井馬琴（実演）
12 京の祇園会と町衆 川嶋将生（理論）
13 京舞 井上八千代（実演）（聞き手 田口章子）

【東京】

「神の芸能と仏の芸能」

1 神の芸能 諏訪春雄（理論）
2 明治神宮の年中行事 大丸真美（理論）
3 神楽 小林泰三（実演）
4 能 観世銕之丞（実演）
5 狂言 茂山良暢（実演）
6 仏の芸能 諏訪春雄（理論）
7 浅草寺の年中行事 塩入亮乗（理論）
8 聲明 坂本観晃 木戸敏郎（理論／実演）
9 鬼来迎 深田隆明（理論）
10 説経浄瑠璃 若松若太夫（実演）

◆二〇一三年度

「日本芸能史の近代」

前期

1 芸能史の近代 総論Ⅰ 諏訪春雄
2 聲明 天台宗総本山比叡山延長暦寺法儀音律研究部（実演）（解説 木戸敏郎）
3 香道 三条西尭水（実演）
4 茶道 筒井紘一（理論）
5 祇園祭 吉田孝次郎（理論）
6 華道 池坊由紀（実演）
7 能・狂言 諏訪春雄（理論）
8 能 片山九郎右衛門（実演）
9 狂言 茂山良暢（実演）
10 歌舞伎 田口章子（理論）

11 上方舞 山村若（実演）
12 日本舞踊 坂東温子（実演）（聞き手 田口章子）
13 壬生狂言 壬生大念佛講（実演）
14 シンポジウム「伝統と近代」（実演）

後期

1 芸能史の近代 総論Ⅱ 諏訪春雄
2 舞楽 大阪楽所（実演）（解説 木戸敏郎）
3 舞楽 天王寺楽所雅亮会（実演）（解説 木戸敏郎）
4 文楽 諏訪春雄（理論）
5 義太夫 竹本文字久大夫・鶴澤藤蔵（実演）
6 淡路人形浄瑠璃 淡路人形座（実演）
7 落語 笑福亭生喬（実演）
8 長唄 今藤政太郎（実演）
9 常磐津 常磐津都㐂蔵・常磐津都史（実演）
10 日本舞踊 古井戸秀夫（理論）
11 料理 棚橋俊夫（理論）
12 尾張万歳 北川幸太郎（実演）
13 京舞 井上八千代（実演）

◆二〇一四年度

「アジアの中の日本芸能」

前期

1 総論 諏訪春雄（理論／アジア）
2 御神楽 伏見稲荷大社（実演／日本）（解説 木戸敏郎）
3 カヤグム 金海淑（実演／韓国）
4 箏 京都當道会（実演／日本）
5 中国の伝統音楽 王維（実演／中国）
6 楽器〈二胡・胡弓〉木場大輔 鳴尾牧子（実演／中国）（解説 茂手木潔子）
7 琉球芸能 西江喜春（実演／琉球）（解説 茂木仁史）
8 常磐津 常磐津都㐂蔵・常磐津都史（実演／日本）
9 日中伝統版画 諏訪春雄（理論／日本・中国）
10 絵解き 林雅彦（理論／日本・中国・韓国）
11 中国の仮面劇 廣田律子（理論／中国）
12 京劇 石山雄太（実演／中国）
13 歌舞伎 田口章子（理論／日本）
14 拡大版「比較芸能史」シンポジウム＋実演 日本・韓国・マレーシア

後期

1　総論　諏訪春雄（理論／アジア）
2　文弥人形　東二口文弥人形浄瑠璃保存会（実演／日本）
3　アジアの人形芝居　福富友子（実演／カンボジア）（解説　宇野小四郎）
4　日韓中舞踊の変身　諏訪春雄（理論／日本・韓国・中国）
5　サルプリ舞　梁性玉（実演／韓国）
6　能　片山九郎右衛門（実演／日本）
7　京舞　井上八千代（実演／日本）（聞き手　田口章子）
8　日中地獄破りの芸能　諏訪春雄（理論／日本・中国）
9　バラタナティヤム　横田ゆうわ（実演／インド）（解説　石井達朗）
10　チベット舞踊　東方芸術文化団　田偉（実演／チベット）
11　タイ舞踊　秋元加代子（実演／タイ）
12　日本舞踊　坂東温子（実演／日本）（聞き手　田口章子）
13　日本舞踊の大道具　中田節（理論／日本）
14　ジャワ舞踊　佐久間新（実演／インドネシア）

◆二〇一五年度

「生命の更新〜芸能・芸道の力〜」

前期

1　総論Ⅰ　諏訪春雄（芸能・芸道）
2　匠の力─和菓子　高家昌昭（京菓子司／芸道）
3　能　天野文雄（芸能）
4　茶道　筒井紘一（芸道）
5　壬生狂言　壬生大念佛講（芸能）
6　神社の生命更新─式年遷宮と式年造替─　諏訪春雄（芸道）
7　御神楽　伏見稲荷大社（芸能）（解説　木戸敏郎）
8　琵琶　上原まり（琵琶演奏家／芸道）
9　日本舞踊の大道具　中田節（大道具方／芸道）
10　絵画の力─おひねり・お札・ぽち袋　諏訪春雄（芸道）
11　上方舞　山村友五郎（舞踊家／聞き手　田口章子／芸能）
12　匠の力─和鏡　山本晃久（鏡師／芸道）
13　歌舞伎　田口章子（芸能）
14　匠の力─御所人形　伊東久重（有職御人形司／芸道）

後期

1　総論Ⅱ　諏訪春雄（芸能・芸道）
2　華道　池坊由紀（華道家／芸道）
3　料理　森川裕之（日本料理家／芸道）
4　邦楽囃子　藤舎呂船（小鼓演奏家／芸道）
5　匠の力―染色　吉岡幸雄（染織家／芸道）
6　名号の力―法然・親鸞・一遍―　諏訪春雄（芸道）
7　長唄　今藤政太郎（三味線演奏家／芸道）
8　能　片山九郎右衛門（能楽師／芸能）
9　歌の力―言霊信仰―　佐々木隆（芸道）
10　常磐津　常磐津都㐂蔵・常磐津都史（三味線演奏家／芸道）
11　狂言　茂山良暢（狂言師／芸能）
12　日本舞踊　坂東温子（舞踊家／聞き手　田口章子／芸能）
13　京舞　井上八千代（舞踊家／聞き手　田口章子／芸能）
14　神楽　小林泰三（石見神楽面師／芸能）

◆二〇一六年度

「日本芸能史の古代・中世と近世」

前期

1　総論Ⅰ　諏訪春雄（比較芸能史研究／理論）
2　警蹕〈春日若宮おん祭〉今井祐次（春日大社　禰宜／理論）
3　神楽　小林泰三（石見神楽面師／実演）
4　御神楽　伏見稲荷大社（実演）（解説　木戸敏郎）
5　舞楽　天王寺楽所雅亮会（実演）（解説　木戸敏郎）
6　平曲　今井勉（琵琶演奏家／実演）
7　琵琶　上原まり（琵琶演奏家／実演）
8　能　大槻文蔵（能楽師／解説　天野文雄／実演）
9　狂言　茂山良暢（狂言師／実演）
10　能　片山九郎右衛門（能楽師／実演）
11　華道　池坊専好（華道家／実演）
12　茶道　筒井紘一（茶道研究／理論）
13　万歳〈尾張万歳〉北川幸太郎（実演）
14　壬生狂言　壬生大念佛講（実演）（解説　八木聖弥）

後期　近世

1　総論Ⅱ　諏訪春雄（比較芸能史研究／理論）
2　説経浄瑠璃　若松若太夫（説経節太夫／実演）
3　歌舞伎　市川猿之助（歌舞伎役者／実演）
4　常磐津　常磐津都㐂蔵（三味線演奏家）常磐津都史（三味線演奏家）
5　浪曲　京山幸枝司（浪曲師）岡島貞子（曲師）（実演）
6　琉球芸能　佐辺良和（琉球舞踊家）仲村逸夫（歌三線奏者）（解説　茂木仁史）
7　車人形　八王子車人形・西川古柳座（実演）
8　上方舞　山村友五郎（舞踊家／実演）
9　京舞　井上八千代（舞踊家／実演）
10　長唄　今藤政太郎（三味線演奏家／実演）
11　邦楽囃子　藤舎呂船（小鼓演奏家／実演）
12　日本舞踊　坂東温子（舞踊家／実演）
13　乙女文楽　ひとみ座乙女文楽（実演）
14　日本芸能史　田口章子（歌舞伎研究／理論

◆二〇一七年度

前期「相撲と芸能」

1　総論　諏訪春雄（比較芸能史研究／理論）
2　一人相撲　大山祇神社（実演）
3　相撲の世界　豪栄道豪太郎（力士）（聞き手　田口章子）
4　神事としての相撲　諏訪春雄（比較芸能史研究／理論）
5　相撲甚句　日本相撲甚句会（実演）
6　相撲の伝統　内館牧子（脚本家／理論）
7　落語〈花筏〉桂米團治（落語家／実演）
8　浮世絵〈相撲絵〉新藤茂（浮世絵研究／理論）
9　狂言〈蚊相撲〉茂山良暢（狂言師／実演）
10　浪曲〈阿武松緑之助〉京山幸枝司（浪曲師）岡島貞子（曲師）（実演）
11　歌舞伎〈双蝶々曲輪日記〉田口章子（歌舞伎研究／理論）
12　常磐津〈関取千両幟〉常磐津都㐂蔵・常磐津都史（三味線演奏家／実演）
13　神相撲　熊谷房長（八幡古表神社 禰宜／実演）
14　壬生大念佛狂言〈餓鬼相撲〉壬生大念佛講（実演）

後期「神仏と芸能・芸道」

1　総論　諏訪春雄（比較芸能史研究／理論）

2　聲明　天台宗総本山比叡山延暦寺法儀音律研究部
（実演）（解説　木戸敏郎）
3　華道　池坊専好（華道家／実演）
4　嵯峨大念佛狂言（実演）
5　風流〈京都の民俗芸能〉（実演）
6　能　天野文雄（能楽研究／理論）
7　京舞　井上八千代（舞踊家／実演）
8　能　藤田六郎兵衛（能管演奏家／実演）
9　説経浄瑠璃　若松若太夫（説経節太夫／実演）
10　茶道　千宗員（茶道家／理論）
11　六斎念仏　京都中堂寺六斎会（実演）
12　日本舞踊　坂東温子（舞踊家／実演）
13　神仏なき世界の演劇　諏訪春雄
（比較芸能史研究／理論）
14　神楽　石見神楽温泉津舞子連中（実演）
（解説　小林泰三）

【編著者略歴】

田口 章子（たぐち　あきこ）

京都造形芸術大学教授。文学博士（学習院大学）。

『江戸時代の歌舞伎役者』で芸術選奨文部大臣新人賞受賞。

研究テーマは歌舞伎を中心とした伝統芸能、芸能・芸道をキーワードに日本文化論を展開。伝統芸能公演の企画にも携わる。


【主な著書】

『ミーハー歌舞伎』（東京書籍 1996 年）、『江戸時代の歌舞伎役者』（雄山閣出版 1998 年 のち中公文庫）、『おんな忠臣蔵』（ちくま新書 1998 年）、『東海道四谷怪談』〈二十一世紀によむ日本の古典〉）（ポプラ社 2002 年）、『歌舞伎と人形浄瑠璃』（吉川弘文館 2004 年）、『二代目市川団十郎　役者の氏神』（ミネルヴァ書房 2005 年）、『歌舞伎から江戸を読み直す　恥と情』（吉川弘文館 2011 年）、『八代目坂東三津五郎　空前絶後の人』（ミネルヴァ書房 2013 年）

【主な編著】

『元禄上方歌舞伎復元—初代坂田藤十郎幻の舞台』（勉誠出版 2009 年）、『今尾哲也先生と読む「芸十夜」』（雄山閣 2010 年）、『京都のくるわ—生命を更新する祭りの場』（新典社 2012 年）

2016 年 10 月 31 日 初版発行　　　　《検印省略》

日本《にほん》を知《し》る〈芸能史《げいのうし》〉（上巻）

編著者　田口章子
発行者　宮田哲男
発行所　株式会社 雄山閣
〒102-0071　東京都千代田区富士見２−６−９
TEL 03-3262-3231㈹　FAX 03-3262-6938
http://www.yuzankaku.co.jp
E-mail　info@yuzankaku.co.jp
振 替：00130-5-1685

印刷製本　株式会社ティーケー出版印刷

ISBN978-4-639-02450-7　C0074